高校・国語教師の授業

「斎藤喜博の授業」に学ぶ

東谷一彦

一莖書房

まえがき

道立高校に三十一年間勤務し、平成二十八年三月に定年退職した。後半は管理職だったので、授業を行っていたのは昭和六十年四月から平成十五年三月までの十八年間である。その間、教育誌「事実と創造」に何度となく授業の実践記録などを掲載していただいたことがあり、発行元の一莖書房より「実践をまとめませんか」と声をかけていただいた。もう随分昔のものでもあり、果たして記録としてどんな価値があるのかと思わないでもなかったが、思い切って一冊にまとめてみようという気持ちになった。

理由はいくつかあるが、その一つのきっかけは私の師である小笠原洽嘉先生（筆名：笠原肇）が、一昨年の夏に亡くなったことである。小笠原先生は、私の二校目の勤務校である室蘭清水丘高校で七年間、一緒に仕事をさせていただいた。赴任した時、私は三十代半ば、小笠原先生は五十代で、私にとっては貴重な七年間だった。小笠原先生を通して斎藤喜博を知り、教授学というものに目を向けるようになった。先生は、高校の国語教師であるとともに斎藤喜博の研究者であり、児童文学者でもある。授業以外にも教師としての生き方や文学のことなど、様々なことを学ばせていただいた。先生は何冊もの著作をお持ちであるが、生前、先生から「自分の著作を持つことだ」と何度も言われていた。そのことを、ようやく果すことが出来るというのが理由の一つである。

もう一つ理由がある。北海道では職員評価として管理職が教員の授業を参観することになっている。管理職として六校で勤務させていただき、その間、多くの先生方の授業を参観してきた。現在、「教員による一方向的な講義形式の教育とは異なり、学修者の能動的な学修への参加を取り入れた教授・学習法の総称」と言われているアクティブ・ラーニングが声高に叫ばれてはいるが、多くの先生方が「板書と説明」を繰り返す単調な授業を行っている。一方向的な授業からの脱却ということで言えば、多くの先人が取り組んできたはずである。私も小笠原先生から「授業は問うことである」と学んだ。発問を工夫し、生徒に考えさせ、生徒から引き出す授業に取り組んできた。現在においても、「板書と説明」の繰り返しから抜け出せないでいるのであれば、私の授業実践も、まだ意味があるのではないかと思えるようになってきたのである。これが二つ目の理由である。

拙いものではあるが、目指しているものは間違っていないだろうと思う。また、この本は「授業」を主にしたものではあるが、「学級づくり」と「行事」についての実践も掲載している。お読みいただけるとありがたい。

目次

Ⅲ　古典の授業

I
授業について

生徒の授業論

一、はじめに

平成七年度、本校（札幌西高校）へ赴任して来た私は二学年担当（副担任）となり、現代文二単位二クラス、古典三単位四クラスの授業を受け持った。年度の最後の授業を迎えた時、新任者である私の授業が生徒にはどのように受け止められていたのかを知りたいと思い、八百字詰原稿用紙を配布した。

テーマは「私の授業論」とした。「授業感想」というテーマで自由に授業批判をしてもらうことでもよかったのだが、本校の生徒が授業に対してどのような考えを持っているのかを尋ねてみたいという気持ちもあり、右記のようなテーマを考えたのである。つまり、「私の授業論」の「私」とは生徒のことである。生徒の中にはテーマを即座に理解し、自分の授業論を展開出来る者もいるが、なかなか書けない者もいる。そこで、「論として書けないというのであれば、自分にとって良い授業とはどのようなものか、自分にとって悪い授業とはどのようなものか、そして私（東谷）の授業はどうだったかを書いてください」と生徒に説明した。

五十分の中で、大部分の生徒が八百字詰原稿用紙のほとんどを埋め尽くしている。「今まで授業のことなど考えたことはなかったが……」と言いつつ、書き出すと堰を切ったように言葉があふれ出てくるようであった。氏名の欄を設けたが、生徒には匿名でも構わないと伝えている。記名の上で書いたものは全体の一割ほどであったろうか。ほとんどの生徒が匿名である。そのこともあるのだろうが、生徒たちはかなり本音を出していたようだ。

二、生徒にとっての良い授業とは

約二百四十名の生徒に書いてもらったのであるが、その中から「良い授業」として出されたものを整理すると、次のようになるだろう。

①わかる授業。
②おもしろい授業。
③参加できる授業。

それでは、まず①について、生徒の意見に耳を傾けてみよう。

〈良い授業とは、理解しようと思っている人たち全員が理解できる授業。それには、何

が問題なのか、何を理解すればいいのか、何を覚えればいいのかをはっきり示すのが大切だと思います〉

〈良い授業では、先生が生徒の理解度を考えながらその時に応じた教え方をして、理解するまで教えてくれる。自分が理解できると自然と授業が楽しくなり、質問などもどんどんしたくなります〉

〈表面だけをさらっと言ってしまうような授業はだめだ。もし教えるならば、なぜそうなるのかという根拠も教えなければならないと思う。結果だけをただ言うだけ（書くだけ）の授業は教科書を見れば誰だってわかるのだ。だから、教科書にのっていないことや、授業でしか教えられないこと（独学ではわからないこと）をわかりやすく教えてくれるのが良い授業なのではないだろうか。良い授業か悪い授業かの判断は、どれだけ自分が理解できたかという、本当に簡単なことではないだろうか〉

〈良い授業とは誰にでも理解できる授業だと思う。だから、ただ先生一人で頑張ればいいというものではなく、それなりに生徒も先生について行こうという気持ちで受けなければならない。でも、先生の方も生徒に興味を持たせるような、生徒が真剣に聞くような授業をしなければならない。この二つが合わさって、良い授業というのではないかと思う。どちらが欠けてもいけない〉

「わかる」という点では、板書について述べている生徒も多かった。例えば次のような意見である。

〈細かいところを板書でくわしく説明してくれるといいです。（略）大事な話だと思っても、自分でうまく、素早くまとめられずに流してしまったり、ボーッと聞きのがしてしまった時には黒板に書いてあると安心します。手を動かしていると眠気もさめていいです〉

また、「先生が黒板にきれいな読みやすい字で内容などを書いてくれる」と、授業にも集中できると述べているし、「板書と説明の比率が重要である。これがしっかりとしているだけでも集中力が格段に持続するし、すごく聞き易い」とも述べている。

生徒の書き方によって多少ニュアンスは違ってくるのだが、大きくまとめると「要点を押さえ、納得出来るように説明し、板書もうまく使え」ということであろう。

②についても、まずは生徒の意見を紹介しよう。
〈私にとっての良い授業は、月並みではあるがおもしろい授業である。おもしろい授業とは、要するに私たち生徒の関心を引く授業である。（略）五十分×六を固い木のイスで座っているのだから、先生の言いなりに聞いて書くという授業は苦痛なのだ。座ったままでも作業したり、おもしろい話をしてくれたりすると、五十分があっという間に終わったりするのだ〉

やや漠然としているが、生徒にとっては一時間の授業の中に「おもしろい話」があるかどうかが問題のようである。例えば、「私にとっての良い授業というのは、眠くならない授業です。それは、授業内容や先生がおもしろいということです。雑談も交えて授業を進めてくれる先生の授業は眠くならない」「楽しいなあと思って聞いていられる授業は、ただ教科書通りに進むのではなくて、教科書にのっていないことや絶対テストに出ないだろうと思うけれど、感心させられる話がところどころに入っている授業だと思う」という意見である。

「おもしろい」というのは息抜きのジョークを指す場合もあるが、大方は授業内容とつながった中での「おもしろい話」を求めているようである。

〈本当に良い授業というのは、教科書の内容を進めながら、そこに載っていないエピソードや知識、または自分の経験なんかを交えて生涯の記憶の一部として積み重なっていくものとなる授業。型にはめられて、何が楽しいものか〉

これを突き詰めると、次のような意見になるだろう。

〈僕にとって良い授業とは、知的好奇心を満たしてくれる授業です〉

③についても様々な意見があった。

〈板書をノートに写すだけでは眠くなるので、生徒も参加できる授業が良いと思う。（略）そもそも日本の教育の場では、生徒達は教師の話や板書を受身的にただノートにとるというものが多いが、これから国際化が進む中では欧米諸国のように生徒も教師も一緒になってディスカッションする場を取り入れることは必要であると思う。なかなか時間もとれないし、難しい問題もあると思うが、ぜひ取り入れてほしい〉

〈授業は楽しむためのものではないけど、やっぱりクラスのみんなが積極的に参加している方が良いと思う。小学校や中学校ではけっこう楽しい思い出がある。どのような授業だったかというと、先生が一方的に進めていくのではなくて生徒からも自然に先生への質問が出てきたりして、先生と生徒と会話があった。みんなで笑ったりすることもあったし、それで全員がその勉強をわかろうとしていて先生もわからせようとしていた。（略）今の学校でこうなることは無理な気がする。まずクラスが団結していないし、小学校や中学校とは違って勉強が難しくなっていて、全員にかまってゆっくりしていたら進まないから仕方ないと思う〉

次の意見はかなり厳しい。

〈私がいいなあと思う授業は、「生徒が主役の授業」である。授業というと、普通は先生が前にいて私たちを見おろしている。そして、先生はひたすら喋り、板書し、私たちはその話を聞き、ノートに写す……。一方的である。学年を追うごとに、そんな授業が増えている気がする〉

授業が一方的であることに対しての不満や批判は多かったが、同時に「仕方がない」という諦めも見られる。しかし、「良い授業とは生徒と先生が一体となって進めていくものだと思う」と言われた時に教師がどのように考えるか。ここに大きな問題点がありそうだ。

①〜③以外に、次のような意見があったことも紹介しておこう。

〈自分にとって良い授業とは内職・睡眠を許される授業である。とはいっても、これは単に手を抜きたいからではなく、目指す大学に行きたいからだ。つまり志望学部に無関係な教科は全く時間の浪費だ。内職や居眠りをした方がはるかに能率的だ〉

同様に、「大学入試に役立つ授業が良い授業だ」と述べる生徒もいたが、ごく少数であった。

三、生徒にとっての悪い授業とは

悪い授業の大部分は良い授業の裏返しであり、「わからない、おもしろくない、参加できない一方的な授業」ということになる。これに該当すると思われる意見のいくつかを紹介しよう。

〈問題ばかりをどんどん解いて、なぜこの答えになるのかなどを詳しくやらずに、わからない奴は自分で考えろという授業である。そうすると、わからない奴はどんどん置いていかれるだけで、やる気もなくしてしまう〉

〈悪い授業とは、テスト範囲を終わらせる、または何でもいいから先へ進もうとする、「広く、浅い」授業である〉

〈生徒のことなんか、おかまいなしで自分勝手に進めて行く授業〉

〈とにかく話がやたらと長いわりに言いたいことがわからない。しかも、歯切れが悪く、声が小さくて、いかにも眠気を誘うような声。ついでに板書の字が汚かったり、小さかったりしたら最悪。授業を受けたくなくなると思う〉

〈眠たくなる授業、眠っても大丈夫だと思わせる授業、眠るヒマがありすぎる授業〉

〈悪い授業は、先生が生徒を引き付けようと努力し過ぎてカラ回りする授業。それでは生徒もしらけてしまう。また、細かいところでは、その先生が説明しているところのページを言わないで、どんどん先走ってしまう授業。わかりづらいというより、参加できない。あと、人を不快にさせることを言ったり、気分で怒ったりする先生の授業は、生徒も余計なことを考えてしまうので、よくない。そして、怒るべきときに怒らない先生はもっとよくない〉


最後の意見の中に出てきたが、「人を不快にさせる」授業に対しての批判が少なくなかった。次のようなものである。

〈一番嫌いな授業は、一人一人の能力を見て差別する先生の授業です。どうせお前は答えられないから、あてるだけ時間の無駄だと思っているのかは、よくわかりません。私もあてられないのは楽だけど、授業の参加者としてその先生に見られているのか不安です〉
〈なんでこんな所がわからないのかというように、生徒を馬鹿にした目で見る先生には腹が立つ〉

他にも「西高生のくせに……」という言い方や、答えられなかった時に立たせるといったことに対しての反発も書かれていた。授業が「早すぎる」「難しい」ということに対しては、生徒も「仕方がない」という反応を示すけれども、「イヤミなもの言い」や「立たせる」ことに対しては「仕方がない」とは思わないようである。


次に、「受験本位の授業」を悪い授業としている生徒が多かった。

〈センターとか浪人とか受験のことばかり言う先生の授業はおもしろくない〉

〈やってほしくないのは、くどくどと受験のことを話すのと、自分の知識を自慢するように話すこと、授業中に答えを間違えた生徒を軽蔑の目で見ることです〉

〈あるレベルに達していないと受けても意味がない感じで、つまり「わからない者には教えない」という授業。得意な人にはいいのかもしれないが、苦手な人はさらに悪くなると思います〉

〈現在の授業は大学入試のための勉強といった感じで塾や予備校の授業と大差ないよう

に思える。このような授業が将来役に立つとはあまり思えない。（略）このままの授業がこれからも続けば、きっと自分たちが個々に有する人間性を失ってしまうのではないだろうか〉

もちろん大学受験を現実の問題としてとらえてはいるのだが、それでも言わずにはいられないという感じで伝わってくる。

他に、「授業が長引くのはよくない。生徒にとって十分の休み時間はとても大切です。それがたとえ一分でも失われるのを私は許しません」というものもあった。また、次のようなものもある。これは思わず笑ってしまったが、「なるほど」と思わせる。
〈黒板に字を書く時、白・赤・黄以上のチョークを使われるのはつらい。その理由は、まず見づらいということ。次に、自分の持っているペンの数では対応できないということ。紫なんてもってのほか〉

さて、次の意見については教師側から反論が出されるであろうが、同時に考えなければならない問題も含んでいるように思われる。それは、「予習がなければ成り立たない授業はおかしいのではないか」というものだ。回りくどい文章なので要約するが、本人が言いたいのは「授業は中身を深めるものだと思うが、実際はそうなっていない。それなのに予習を強制して答え合わせをするような授業はおかしいのではないか」ということだ。そこから前述の発言となるのである。

以上、「生徒にとっての悪い授業」として挙げられたものを紹介してきたが、次第に授業論というよりは教師論になっていることに気付かれるであろう。そこで、「教師論」として受け止められそうな意見のいくつかを、次に紹介したい。

四、生徒が教師に望むこと

次のような意見を、我々はどのように受け取るべきであろうか。

〈授業というものは、例えどんなにベテランの教師であろうと、自分のやり方に絶対の自信を持たないでいただきたい。はっきり言えば、教師だって完璧な人間ではないのだから。ある程度の自信は必要だろうが、あまりにも自信を持つが故に、生徒に対して『教えてやっている』という態度をとられると、こちらもそんな授業ならいらない……といった気持ちになる。義務で私たちに教えているという態度をとるような授業ならば、されなくてけっこうですと言いたくなる。教師も生徒同様、常に向上心を持って授業に臨む必要があるのでは……。ただ単に、教科書の指定された範囲を終えるためだけの授業ではなく、生徒とともに考え進めていくべきだと私は思う。常に新しい疑問を求めるような……〉

〈教師というのは曖昧な言葉を使ってはいけない。間違ったことを教えてはいけない。自分の専門に関しては、かなりの知識を持っていなくてはいけない。（略）教師というものは努力を怠るべきではないと思う。たとえ先生が世間で言う大人であり、生徒よりも多大な知識を持っていても、その現状に満足してはいけないと思う。どうしようもない授業をしていても、努力しているということが私たちに伝われば、それは認められると思う〉〈「オレの授業を聞かなければ大学に入れない」などと偉そうなことを言ってる人に限って、その授業は要点がつかみづらかったり、板書が読めなかったりするのである。謙虚さが足りないからである〉

このような文章を読むのは、あまり気持ちの良いものではない。特に、二つ目の意見にある「どうしようもない授業でも努力さえ伝われば認めましょう」というのは、慰められているような妙な感じがする。「生意気な」と言って片付けることも出来るのだが、的を射ている部分もないとは言えない。

また、次の意見はさらに具体的である。

〈良い授業と悪い授業との違いは、細かい点でおおかた決まってくると思う。まず板書が見やすいか、説明がわかりやすいか、授業のスピードが速すぎないか、そんなところだろうと思う。生徒の授業態度が悪くて怒る教師が西高には結構いるが、教師にもその原因が六割ぐらいあると思う。生徒としては、最初に書いた三つぐらいのことさえクリアしてない教師の授業は、やはり退屈になったり、面倒くさくなったりして眠りたくなり、そこに先生がつっこんできて、その教師が嫌いになり、授業もサボリたくなる。その生徒と教

師の間に良い授業が生まれることは、まずないだろう〉

簡単に言ってしまえば、「教師よ傲るな、謙虚な気持ちで努力せよ」ということであろう。このまま「生徒よ……」と返してやりたい気もしないではないが、もう少し生徒の意見を聞いてみよう。

〈特にいやなのは、自分が一番偉いというような顔をしている先生。こんなのもわからないのかと軽蔑のまなざしで見てくる先生や、自分の思い通りにいかないとすぐ怒る先生、短所ばかりを指摘してやる気を失わせる先生は人間としても嫌いだし、尊敬できない〉

〈私が一番教師にやめて欲しいと思うのは、授業に私情を持ち込むことだ〉

〈授業というのは生徒が理解できなければ意味がない。先生というのは、はっきり言って知識だけあっても教える力がないのはいらない。難しいことばっかり言って生徒の理解できないことを言っている先生は、今自分がしている授業のレベルの高さに酔っていて、自分が「教える」ということに関して向いていないことに気がついていないのだ〉

〈要は、いかに集中できる時間と空間をつくり上げるかということです。間違っても、「俺の話を聞け」という押しつけがましいやり方はしてはいけないと思う。先生の説明が必要で、それがよくわかって、聞きたいと思えば生徒の方から耳を傾けるし、もっと知りたいと思えば質問もする〉

〈私が今まで受けた様々な授業の中で、この授業はいいなあと思ったのは、その先生が自分の考え方や自分の言葉、言い方を生徒におしつけず、一人一人の言葉で理解できるような授業です〉

五、おわりに

以上のように「私の授業論」と題した生徒の文章を紹介してきたが、これはあまり楽しい作業ではなかった。私も教師である。生徒の立場に立って正義漢ぶるつもりはないし、私の授業も批判されているのである。とはいえ、授業が教師と生徒の二者によって成り立つものである以上は、生徒の声にも耳を傾けたいと思うのだ。

〈先生が生徒のことをよく考え、生徒は先生を刺激し、お互いを高め合う授業。先生と生徒の信頼関係によって生まれる授業、それが最高の授業だと思う〉

わかりきったことだとは思っても、生徒からこのような意見が出されると、それは意外に新鮮な響きをもって聞こえてくる。私にも多少は「謙虚さ」が残っているようだ。

本格的な「授業論」を期待された方には申し訳ないが、今回は生徒の授業論を紹介することで、この文章を閉じさせていただくことにしたい。いずれ機会をあらためて授業についての考察を書かせていただくことにする。

〈付記〉本稿は私の三校目の勤務校である札幌西高校の「研究紀要」第二十八号（平成十年三月発行）に「『私』の授業論」として掲載されたものである。

私の授業論

一、「授業」について考えるきっかけ

私は昭和六十年四月に十勝の池田高校へ赴任し、そこから教員生活が始まった。池田から室蘭、そして札幌へ異動し、現在十六年目が終わろうとしている。この教員生活十六年の中で、「授業」を考えるという意味で転機になったのは室蘭清水丘高校への転勤だった。その辺の事情については以前に書いたものがあるので、多少長くなるが引用したい。「教授学研究の会（多摩支部・名古屋支部・札幌支部）合同宿泊研究会」というものに参加した感想からの抜粋である。

「私は北海道の高校教師となって六年目。国語を担当している。昨年、現在の勤務校に転勤となった。教師生活のふりだしであった前任校で担任をひと回り経験し、やっと教師の仕事がわかりかけてきたところである。前任校は郡部校であり、生徒の学力差は大きか

った。授業では、（略）試行錯誤の繰り返しであった。現在の勤務校は進学校であり、授業に対する苦労はそれほどないように思われる。生徒は、受身ではあるが勉強はしており、生徒指導にもそれほど手がかからないからである。（略）現在の勤務校に赴任した時のことであるが、本校には長く授業の研究をしている国語の教師がいると聞いた。同じ学年となり、二人で古典と現代文を分けて受け持つことになった。その人が、教授学研究の会世話人の笠原肇〔注1〕さんだった。斎藤喜博〔注2〕という名前に出会ったのも、この時である。私は笠原さんから授業を学ぼうと思った。

――宿泊研究会で夜に同室の人たちとビールを飲みながら語り合った。高校ぐらいになると互いに授業を見せ合うことは珍しいのではないか、と言われた。その通りだ。そんなことを言い出す人はいない。しかし、不思議なことだと思う。私は大学卒業後、民間企業に勤めていた。教師生活のスタートは三十歳になる年のことで、多少はさめた目があったのか教師の世界には不可解なことが多いと思った。他人の授業に口を出さないというのがその一つだ。授業の力をつけるのも結局は自分の経験、まあやってみなさいということか。悪いとは言わないが、これで若い教師が育つのかという思いがあった。そこで研究会なるものには機会あるごとに参加するのだが、刺激にはなっても実際には役立たないことが多い。私が笠原さんから学ぼうと思ったのは、そんな思いがあったからだ。――

早速笠原さんの授業を見せてもらい、自分の授業も見てもらうことになった。その時、教室から帰って来るなり言われたことは、『授業の原則がわかってないねえ』という言葉だった。この言葉にはショックを受けた。今でも耳にこびりついている。この日のことは忘れられない。ここから『授業』の勉強が始まることになったのである」（教授学研究の会会誌「事実と創造」第一一四号から）

その時の私は、たかだか四年の経験ではあったが「授業くらい何とかなるさ」と高を括っていたのであろう。池田にいた時にいくつかの研究会で研究発表をしたり、雑誌に実践を発表したりしていたのだ。授業を見せていただくという殊勝な言葉の裏に、根拠のない自信があったのである。生意気だったと言ってよい。簡単に言えば、笠原さんに鼻っ柱をへし折られたということになるだろう。つまり、これがきっかけだったのである。

二、それで何が変わったのか

平成四年、私が室蘭清水丘高校に転勤して四年目のことである。その年の一月、北海道高等学校教育研究会（高教研）国語部会で私は研究発表を行った。例年、高教研の発表者は三名であり、ベテラン・中堅・新人と分かれているが、その年の私は中堅ということになるのだろう。新人で研究発表を行ったのは現在私の同僚である高松先生だった。「縁は異なもの」である。それはともかく、「何が変わったのか」の例として、その時のレポートをもとに話を進めよう。

「課題のある授業」と題したレポートは、「美を求める心」（小林秀雄）の学習指導案と詩の授業の実践記録が二本、「羅生門」（芥川龍之介）の授業記録から成っている。この中で、詩の授業の中の一本だけが池田高校で行った授業であり、一で述べた「雑誌に実践を発表」したものである。北海道高等学校国語科授業研究会の会誌「高等学校国語科教育の実践（第七集）」に掲載されたものだが、奇しくも数年後に室蘭で出会う笠原さんの論文も掲載されていた。「（縁は）味なもの」である。

その池田高校での授業記録の内容を簡単に紹介する。

「グループ学習による詩の授業（二年生）―『大渡橋』（萩原朔太郎）、『秋の日』（中原中也）、『しゃぼん玉の唄』（金子光晴）」というもので、語句・語法・大意・主題といった言辞的な解釈ばかりでなく、生徒独自の内容解釈や鑑賞批評によって三つの詩を生徒に主体的に受けとめさせるため、図書館を利用したグループ学習を試みたものだった。

一～二時間目は、図書館で班分け（六班）と班毎に扱う作品の決定、そして作者・わかりにくい言葉の意味を班毎に調べさせ、作品の情景をまとめさせる作業学習を行った。三～六時間目は教室に戻り、各班の発表。発表を受けて各自がそれぞれの詩の主題を用紙に記入して提出。それを参考に班としての主題をまとめる。その主題文から、更にそれぞれの詩が提起している問題点を提出させた。

最後が七時間目であるが、前時の問題点をもとに次のような質問を用意して書かせた。

一、『大渡橋』
①「故郷」という言葉からどのようなことを思い浮かべますか。
②あなたにとって「故郷」とはどのようなものですか。
③作者が感じている「荒涼たる情緒」「飢えたる感情」をどのように思いますか。
二、『秋の日』
①「孤独」を感じたことがありますか。それはどんな時ですか。
②作者が感じている「漠然とした不安」はどのようなことから生じていると思いますか。
三、『しゃぼん玉の唄』
①この詩を読んだ上で「戦争」というものをどのように思いますか。
②戦争末期に発表のあてのない作品を書き続けていた作者の心境をどのように思いますか。

雑誌に発表した内容は以上の通りである。グループによる作業があり、発表もある。さらに、主題も個人からグループの意見へと考えさせ、最後に鑑賞となる。それなりに考えられた展開ではあるが「深まり」という点においては疑問が残るし、結果として生徒を動かすことだけが授業のねらいになっている。七時間目の質問事項にしても、あまりにも一般的で具体性がなく曖昧であり、何よりも授業者自身がそれぞれの詩をどのように受け止めているのかが分からない。

それでは、もう一つの詩の授業はどうか。

「詩の授業（一年生）―『芝生』（谷川俊太郎）」である。短い詩なので全文掲載する。

> 芝生
>
> そして私はいつか／どこかから来て／不意にこの芝生の上に立っていた／なすべきことはすべて／私の細胞が記憶していた／だから私は人間の形をし／幸せについて語りさえしたのだ

この実践記録は「事実と創造」（第一〇四号）に掲載されたものだが、これには最初に「教材の解釈」として次のように述べている。

「（略）人間がこの世に生まれて来るのは、自分の意志によってではない。しかし、生まれて来た以上生きていかなければならないのは人間の宿命であり、本能として生きていくのだ。けれども、ふと立ち止まることがある。誰でもいつかそんな時が訪れるのではないだろうか。それは自分の存在に不安を感じた時である。この時の『私』もふと不安に駆られ、立ち止まったのであろう。この詩を通して『人間の存在』ということを考えてみたい」

この授業の一時間目は朗読の後で詩をノートに書き写させ、疑問点を抜き出させるという作業から始まっている。そして、生徒から出てきた疑問をもとに発問を設定し、問答で授業を進めている。

T「『そして』から始まっているが、普通『そして』という言葉はどんな時に使うの？」

S「文を続ける時……、接続詞として」

T「普通はそうだね。ところが、この場合は前に文がない。こういう書き出しをすることで、どんな効果があるんだろう？」

S「話が続いているようだ」

このような問答によって、「いつか」「不意に」「どこかから」の言葉を問題にして「私」が自分の意志でもなく知らないうちにやって来て「芝生」の上に立っていたことを確認した。さらに、誰が「なすべきこと」なのかを確認してから「細胞が記憶していた」とはどういうことかを考えさせ、「頭で分かっていたということではなく体が分かっていた」ということだろうと見当をつける。つまり、「人間の形」をしている「私」の体が人間としての「なすべきことを」本能的に知っていたということだ。

T「『さえ』というのは、どういう時に使うの？」
S「何か付け加える時」
T「じゃあ、この場合は？」
S「ほかのこともしたけど、『幸せ』について語ることもした」
T「うん、そうだね。この詩の言葉で言うと？」
S「人間の形をしてるし、『幸せ』について語ることもした……」
T「うん。じゃあ、なぜ『幸せ』についてなんだろう？」
S「……」
T「『人間の形』をした『私』が語るんだよ」
S「人間らしいこと？」
T「ああ、いかにも『人間らしいこと』だからということね」

問答で内容を読み取り、その上で「芝生」について考える。これは、最初に多くの生徒が挙げていた疑問の一つである。「芝生」が何の例えなのかということだ。用紙を配布し、各自に意見を書かせて回収した。二時間目は生徒から出されたものをプリントし、生徒に読ませた上で「芝生」から主題へと発展させていくのだが、いくつか生徒の意見を紹介しよう。

「『芝生』は人生と同じで、作者は人生について言いたいのだと思う」「『芝生』は世の中を表し、『なすべきこと』は生きていくことを表していると思う」「作者は、私たちが毎日過ごしている『生活』を『芝生』におきかえているのではないか。そして、この詩は、作者が不意に現在の生活に気付いて、なぜ今こうして生きているのだろうかという疑問にぶつかったのだと思う」

生徒の答えが出るべくして出てきているようなもので新鮮さは感じられないし「深まり」も今ひとつだが、その後の授業への方向性は示されている。池田での授業との違いは、先ず教材に対する授業者の解釈が示されていること、一つひとつの言葉を取り上げて詩のイメージを喚起させようとしていること、授業の核を「芝生」の解釈に置いて展開がはっきりしていること、作品の内容に沿った具体的な発問による問答によって生徒に考えさせ、発言させようとしていることが挙げられよう。

授業のスタイルが違うのだから一概に比較は出来ないだろうと言われるかもしれないが、正直に言えば池田での詩の授業は教材や生徒との格闘を避けていると言える。実は、この点が一番の違いなのである。

三、そして今は

西高へ転勤して三年目の平成十年に話はとぶ。この年は「当たり年」とでも言うべきか、前年の夏に再び高教研での研究発表の話があった。進学校での「古典の授業」について発表がほしいということだった。まだ先の話で「まあ何とかなるだろう」というくらいの気楽な気持ちで引き受けたのだが、秋に行われた合同教育研究全道集会（高教組他）で私の「小説の授業」というレポートが全国大会の推薦を受けた。これも発表は一月である。思いがけず二つの大きな研究会で発表する機会を得たのだった。しかし、こういう機会でもなければなかなか自分の実践をまとめようという気にはならない。引き受けた以上は嫌でもやらなければならないのだから、むしろありがたいくらいのものだとも言える。

高教研のレポートは「『古典の授業』～古典に対する興味・関心を高める授業を目指して～」というもので、平成五～六年の室蘭清水丘高校での授業記録（「伊勢物語」「和歌」「源氏物語」）と、平成八～九年に札幌西高校で行った授業記録（「徒然草」「孟子」「荀子」「漢詩」）をまとめた二十ページの冊子である。発表は三十分程度の時間が与えられたが、話のポイントの一つとして考えていたのは「一教材一冒険」ということだった。それは、私の「伊勢物語（筒井筒）」の実践に寄せた笠原氏の文章の中にある。

「古文では『ことば』の壁を破ることを最重点に考えられがちだ。実態からいっても、ある程度仕方がないところもある。しかし、そこに安住していては『授業の創造』は考えられない。『一教材一冒険』を提唱しておきたい。一つの教材で一箇所だけ冒険をする。『知的冒険のすすめ』である。それは点数化されたり、表面に出ない学力かもしれない。

しかし、それをあえて重ねていけば必ず一つの『事実』が出てくるに違いないし、その記録の集積は『学力とは何か』を考える上で大きな示唆を与えるものになるはずである」

ここで「授業の創造」と述べているのは、授業者が教材に対する自分の解釈を持って授業に臨み、それを生徒にぶつけて生徒から様々なものを引き出していく、あるいは生徒同士の意見のぶつかり合いの中から新しい問題が生まれてくる。それをさらに発展させたり、あるいは否定したり、そういう中から問題の本質を追求するということを指しているのである。これは、現代文においても同様である。全国教研のレポートである「小説の授業」も基本的な授業の考え方は変わらない。一つの教材に対する追求の中で、その授業における教材解釈（作品論）を生徒とともにつくり出すというのが授業の大きな目標だ。たとえ専門家から見れば稚拙なものであっても、そういう追求の姿勢が次第に生徒を変えていくのだと考える。笠原氏の文章で「事実」と述べているのは、そのことである。模擬試験の結果が急に良くなるといった目に見える変化ではないかもしれないが、そういう「事実」をたくさんつくり出すことが大事なのだということだ。

ところが、進学校ではやはり受験の成果を出さなければならないという宿命がある。生徒が北大を中心とする国公立大学や有名私大への進学を望み、親も期待する。教師としても生徒の望みをかなえるための努力をするのは当然である。例えば、古典の場合は古文単語や文法・漢文の句法を覚えてもらわなければならない。現代文においても、どう考えるかというよりは何が書いてあるかの読解の方が優先されることになる。このような状況の中で、それでも追求的な授業を考えるならば「一教材一冒険」というのが現実的に有効な方法であろう。どんな教材でも一箇所だけ考える場面をつくり出すということだ。

「一教材一冒険」を実践するためには、その教材の何を問題にし授業の「核」にするかが重要である。教材研究はそのためにあるとも言えるだろう。「そして今は」生徒とともに教材と格闘する日々なのである。

四、おわりに

今年も生徒に「『私』の授業論」を書いてもらった。

「『過程を経ずして結果は生まれぬ。』理解していないものをどうやって知識として身に付けることが出来るのか。まず生徒の興味を誘い、理解させる。そうして知識を身に付けさせることが大事」「人には合う合わないということがあるから、全ての先生に対して自分にとっての良い授業は求められないが、しかし伝えようという気持ちが大切だと思う」「私が授業で最も大切だと思うことはクラスの皆が参加しているということです」「私が今まで受けてきた授業で一番と言っていいほど苦手で嫌だった授業があります。それは何の授業でも何かについて考え、想像し、それを絵や文章で書き表すような授業です。（略）でも、こういう授業はとても良い授業だと思います」「私が求める授業とは、やはり生徒が参加出来るものです。どの教科であっても、生徒に意見を書かせたり問題を解かせたり、そして良かった人はみんなの前で誉めたりとか」

これはほんの一部であるが、「悪い授業」についてはかなり辛辣に書いている。もちろん授業はこのような生徒の意見だけで左右されるものではないが、彼等も小・中・高校と長年にわたって授業を受け続けているという点において、かなりシビアな目を持っている。生徒に媚びる必要はないが、授業論に関しては我々が耳を傾けるべき点はあるのだと言えよう。右の文章で言えば、興味付け・生徒の参加・そして理解へということか。その過程には、何よりも「考える」ということや「発言する」「意見をぶつけ合う」ということが加わらなければならないだろう。その結果として、すっきりした形で終わらないということもあり得る。しかし、案外西高のような学校では、「分かる」「楽しい」というだけでなく、「心に何か引っ掛かる」という部分を残すような、そんな授業も「良い授業」に入るのではないかと思う。

注1　笠原　肇（本名：小笠原洽嘉）〔一九三五年（昭和十年）～二〇一六年（平成二十八年）〕
北海道生まれ。東洋大学文学部中国哲学科卒。室蘭啓明高校等を経て平成八年室蘭清水丘高校で定年退職。中国浙江師範学校日本語教師（平成八～九年）。室蘭啓明時代、公開研究会に斎藤喜

博氏を招聘し以後師事する。また、児童文学者でもあり平成元年に日本童話会賞を受賞した。他に、「教授学研究の会」世話人、北海道児童文学者協会会長、室蘭工業大学非常勤講師などを歴任。主な著書に『人間の変革・教師の変革』（明治図書）、『評伝斎藤喜博』『国語の授業小事典』『教師の実践小事典』『学校づくり小事典』（いずれも一莖書房）等がある。

注2　斎藤喜博〔一九一一年（明治四十四年）～一九八一年（昭和五十六年）〕

群馬県生まれ。群馬県師範学校卒業後、玉村尋常高等小学校・芝根村国民学校・県教組常任執行委員（文化部長）を経て昭和二十七年島村小学校長となり、昭和三十八年までの在任中「島小教育」と呼ばれる教育史上に残る実践をつくり上げた。昭和四十四年、境小学校長を最後に退職。「教授学研究の会」結成。宮城教育大学等で教鞭をとるとともに、室蘭啓明高校等全国の小・中・高校を行脚して実地の指導を行った。国土社より全集三十巻（前期十八巻：毎日出版文化賞、後期十二巻）が刊行されている。また、土屋文明に師事し、アララギ派歌人としての歌集も遺している。

〈付記〉本稿は札幌西高校「研究紀要」第三十一号（平成十三年三月発行）に掲載されたものである。

II

現代文の授業

小説の授業
～斎藤喜博に学ぶ問答形式による授業実践～

一、はじめに

一九九六年四月、室蘭清水丘高校から札幌西高校へ転勤となった。

北海道の進学状況から言えば、札幌北、札幌南が超一流の進学校ということになっている。それに続くのが札幌西、札幌東、旭川東の各高校であり、札幌西高校は道内で五本の指に入る進学校である。前身が旧制中学校で、八十余年の歴史を持つ伝統校であり、名門校の一つと言われている。校訓は「自由」「自律」「叡智」「創造」。制服はなく、校則にしても「規準」と称するわずかばかりのものしかない。「自由の学園」「自由な校風」などとも言われているようだ。九五年に道立高校としては例を見ない立派な新校舎が出来上がったばかりであり、高校入試を控えた中学生やその父母の人気も高い。

西高に転勤したその年は二学年担当（副担任）となり、現代文（二単位）二クラス、古典Ⅰ（三単位）四クラスを受け持った。新学習指導要領二年目の学年である。本校では国語Ⅱをカリキュラムに入れていない。本校の授業で最初に感じたのは「現代文の授業がやりにくい」ということだった。前任校でも同様の傾向はあったが、思った以上に厳しい状況だった。生徒は現代文の授業を息抜き程度にしか考えていない。英語や数学のように少しでもぼんやりしていると分からなくなるという科目ではないし、覚えることを強制される科目でもない。「勉強しなくとも何とかなる」と思っているようだ。少し目を離すと内職を始める。内職が駄目だと分かると居眠りを始める。起きている生徒でも、ノートはとっているが頭の中は思考停止ということが多いように思われる。

今年度（九七年度）は一年生の担任となったが、生徒を見ていて現代文を息抜きとせざるを得ない理由がよく分かった。それは、英語、数学といった教科が受験に向けてのかなり厳しい指導をしているからだ。英語は二科目あるが、毎週のように単語テストや構文テストが行われている。テストには追試がある。さらに再追試もある。進度も早く、生徒は予習とテストに四苦八苦している。授業時に答えられなければ立たされるか、あるいは正座だと言う。数学も似たようなものである。進度は早いし、宿題がやたらと多い。毎週末には「週末課題」なるものが生徒にくばられる。「西高の生徒ならこれくらい出来るはずだ」「有名大学に入りたければ今苦労するしかない」と、受験で生徒の尻を叩く。これでは国語の勉強をしようという気にはならないだろう。制服もなく、「自由の学園」などと言われてはいるが、学習においては暗記の強制と反復練習という状況にあるようだ。

同僚の国語教師の中に、毎時間のようにプリントをかかえて授業に行く方がいる。あらかじめ設定された問題。読みながら問題を解き、説明するのであろう。与えられたことはやる生徒たちである。高校入試の段階で、せっせと塾に通っては与えられた問題をひたすら解くという受け身の姿勢がつくられている。そういう意味では要領のよい授業とも言える。確かに九割の生徒がセンターテストを受験するし、実際問題としては生徒も「要領良く説明して分かりやすく板書してくれる授業」を望んでいることだろう。しかし、それでは英語や数学がやっている授業と本質的に変わりはしないように思う。

生徒は問答形式の授業など望まないに違いない。しかし、生徒に迎合し大学入試に屈服するような授業で、どんな学力をつけようというのか。大学入試は現実の大きな壁である。その現実を無視することは出来ないが、それを乗り越えなければならないだろう。そのためには要領のよい授業を目指すのでなく、じっくりと教材に向き合い、要領は悪くとも生徒との問答を繰り返しながら内容を深めていく、そんな授業をつくり出していかなければならないと考えるのである。

二、斎藤喜博に学ぶ

全道合研代表委員の一人である鈴木秀一氏（札幌学院大学）が、開催要項の巻頭で「ひとつの課題」と題し、次のように述べておられる。

「以上のような情報に関するわが国の事情を考えると、マスコミ情報や伝聞、噂なども含めて情報に対する検討能力を育てることが教育のひとつの大事な課題と言うべきだろう。この情報検討能力の根本は、科学的批判能力にあると言えるだろう」

この場合の「科学的批判能力」とは、ものごとを客観的に見つめ判断する力と読みとることが出来る。私は室蘭清水丘高校で笠原肇という実践家と出会った。教授学研究の会世話人の一人であり、児童文学者でもある。笠原氏は九六年三月室蘭清水丘高校を最後に定年退職された。しかし、私は室蘭にいた七年の間、笠原氏を通して斎藤喜博を知り、多くのことを学んだ。斎藤喜博は全集三十巻に及ぶ著作を遺しているが、その中の『未来誕生』（全集第四巻）では次のように述べている。

「教育の仕事は、子どもが伸びてくるのを待っているとか、横から手助けするとかいうことでなく、授業の中で教師が子どもに近づいていき、子どものなかにあるものをつかみとり、また、ないところからもつかみとるというきびしい仕事である」

子どもの持っている無限の可能性を引き出すのが我々の仕事であり、その目に見えない可能性を目に見えるように表に引き出し形を与えるのである。そのような具体的事実をたくさんつくり出すことによって社会を変え、美しい世の中を作ろうとしたのが斎藤喜博の仕事であった。斎藤喜博は『君の可能性』（全集第十四巻）の中で子どもたちに語りかけている。

「よいにつけ悪いにつけ、事実はみななんらかの意味を持っているのである。よいものは、その中にかならずよくなる法則のようなものがあり、悪いものは、そのなかに悪くなるような法則的なものを持っているのである。どちらからでも学んで、たえず自分をゆたかにしていけるのは、いつでもみなさんの客観的な目だけである。みなさんは、そういう客観的な目を持つ必要がある。そのためには、すなおな人間になり、すなおな目で自分の周辺のすべての事実をみていく必要がある。どんな事実でも、自分の感情や一方的な考え方だけを見ないで、事実について考え、事実のなかにあるさまざまなものを見つけ出していくようにする必要がある。この場合のすなおさということは、ただ権威に服従するとか、盲目的に従順であるとかいうことではない。ごたごたしたもののなかから、真実とか、論理的な筋道とかを読みとっていく力を持っているということである」

引用が長くなってしまったが、現代のように何が起こるかわからないような世の中において、なおさらのこと事実を見る目が必要であり、自分を見失わないで生きていく力を育てなければならないだろう。それが、科学的批判能力とも言えるのだと思う。授業における実践は、どんな教科・科目においても基本的にはそこに行き着くと考えられる。

国語分科会では共同研究者の一人である本間徹夫氏（札幌学院大学）がいくつかの問題提起をされたが、文学教育については「本格的な教材で学習意欲を高める文学作品の読み方・文学教育の一層の充実をはかる」と提示された。斎藤喜博は国語、音楽、体育を学校づくりの中心に据えるべきだと主張したが、国語（文学教育）の授業が果たす役割は大きい。その授業に向かうにあたって、私は斎藤喜博の基本的な考え方や、方法論・原則から学んだ。また、笠原肇氏の著作である『斎藤喜博・国語の授業小事典』（一莖書房）は、斎藤喜博の授業の中から原理・原則、方法にかかわる事例を取り出したものであり、私にとっては授業の指針を具体的に与えてくれるものであった。

三、小説の授業

九七年の一年間に扱った小説三作品の授業記録をまとめて全道合研に参加したが、それはB４版の西洋紙十七枚にわたるものであり、そのまま持参することが出来なかった。そこで、このレポートでは一部をカットし、問答の記録を中心に報告することとしたい。

（1）『こころ』（夏目漱石）の授業

九七年の一月から二月にかけて、二年生で『こころ』の授業を行った。

二年生のクラス編成は文・理に分けていない。分けてはいないが選択科目によって生徒を集めているので、理系に進む生徒の多いクラスとか半々のクラス、文系に進む生徒の多いクラスが出来上がっている。この授業のクラスは理系に進む生徒が多い。前期（本校は二学期制）には内職や居眠りに対して注意しなければならない場面も多かった。不本意ではあったが、要領よくまとめながら説明し、先へ進むという授業が続いた。後期になり、次第に授業の雰囲気が柔らかくなってきたこともあって、問いかけを多くするようになった。生徒も重い口を少しずつではあるが、開くようになってきた。その上で臨んだのが、『こころ』の授業である。

教科書（第一学習社「現代文1」）には、もちろん『こころ』の全文は掲載されていない。それでも二段組で約四十ページの分量である。授業時数の関係で四十ページ全部を扱うことは出来そうもない。そこで、授業では「先生と遺書」の「Kがお嬢さんに対する切ない恋を私（先生）に打ち明ける」場面から、「Kの自殺の後、国元からやって来たKの父、兄とともに、Kを雑司ケ谷に葬る」場面まで（二十六ページ）を扱うことにした。

【本時までのあらすじ】

Kの恋の行く手をふさぐため、狼のごとき心でKを打ち倒した私はようやく安心を得た。ところが、Kの鋭い自尊心と果断に富んだ性格を思い起こした私は、その性格がお嬢さんの獲得に向かうのではないかと疑うようになる。そこで、私は最後の決断をしなければならなくなった。私はKを出し抜いて奥さんにお嬢さんとの結婚を願い出ることを決意する。ある日、仮病をつかい、奥さんだけが家に残っていることを確認した上で、私は奥さんにお嬢さんとの結婚を願い出た。私の申し出に奥さんはあっさりと承知してくれた。そして、奥さんの口から私の申し出をお嬢さんに話すことになったのである。私は気持ちが落ち着かず、あてもなく表へ出た。

【本時（六時間目）の授業のねらい】

本時の場面（四十六章）では、「長い散歩」の間に私がKのことをほとんど考えなかった点と、帰宅してKと顔を合わせた時の私の気持ちが中心になると思われる。「先生と遺書」では私（先生）の気持ちの揺れがしつこいほど克明に描かれている。しかも、その気持ちの揺れのどの場面も、それぞれ人間の普遍的な心理でもあるのだ。誰にでも思いあたることがあるに違いない。生徒との問答を通し、それぞれの場面を具体的にイメージしながら「私」の心情を読み取って行こうと考えた。

【本時の授業記録】

（A）私は猿楽町から神保町の通りへ出て、小川町のほうへ曲りました。私がこの界隈を歩くのは、いつも古本屋を冷やかすのが目的でしたが、その日は手擂れのした書物などを眺める気が、どうしても起らないのです。私は歩きながらたえずうちのことを考えていました。私にはさっきの奥さんの記憶がありました。それからお嬢さんがうちへ帰ってからの想像がありました。私はつまりこの二つのもので歩かせられていたようなものです。そのうえ私は時々往来の真ん中で我知らずふと立ち止まりました。そうして今ごろは奥さんがお嬢さんにもうあの話をしている時分だろうなどと考えました。またあるときは、もうあの話が済んだころだと思いました。

T　「二つのもの」とは、何と何？

S　「奥さんの記憶」と「お嬢さんがうちへ帰ってからの想像」。

T　じゃあ、「奥さんの記憶」と「お嬢さんがうちへ帰ってからの想像」で歩かせられていたというのは、どういうことなの？

S　……。

T　うちの中では、今どんな事が起こっているの？

S　奥さんがお嬢さんに、「私」が話したことを伝えている。

T　そうだね。そのことを想像している私の気持ちを考えてごらん。落ち着いていられるかい？（生徒、首をふる。）前の段落にも書いてあったよ。読んでごらん。

S　「なんだか落ち着いていられないような気もするのです。私はとうとう帽子をかぶって表へ出ました」

T　うん。居ても立ってもいられない、落ち着いていられないという気持ちだね。それが私を歩かせているんだ。

（B）私はとうとう万世橋を渡って、明神の坂を上がって、本郷台へ来て、それからまた菊坂を下りて、しまいに小石川の谷へ下りたのです。私の歩いた距離はこの三区にまたがって、いびつな円を描いたともいわれるでしょうが、私はこの長い散歩の間ほとんどKのことを考えなかったのです。今そのときの私を回顧して、なぜだと自分にきいてみてもいっこうわかりません。ただ不思議に思うだけです。私の心がKを忘れ得るくらい、一方に緊張していたとみればそれまでですが、私の良心がまたそれを許すべきはずはなかったのですから。

教科書に東京（本郷周辺）の地図がある。その地図で、私が歩いたところをなぞらせてみた。約七、八キロであろう。昼に家を出て、夕方近くまで歩いていたと考えられる。

T　「私の良心がまたそれを許すはずはなかったのですから」とあるけれども、「それ」というのは何を指しているの？

S　緊張していた……。

T　う〜ん。緊張していたから、どうしちゃったの？

S　ああ、Kのことを忘れていた。

T　そう。じゃあ、「また」とあるけど、これは何に対しての「また」なの？

S　……。

T　あのね、私の良心が「緊張してKのことを忘れていた」ことを許すはずはなかったんでしょ。そこで、「また」とあるから、もう一つ私の良心が許さないことがあるんだよね。それを聞いているわけさ。

S　……。

T　前の段落で私は何をしたんだっけ？

S　奥さんに、お嬢さんとの結婚を申し込んだ。

T　そう。それはKを裏切ったということだよね。許すはずのないことだよ。さて「良心」とあるけど、「良心」ってどういう意味だい？

S　（しばらく考えて）良い心。

T　なるほど。読んで字のごとしってわけか。それじゃあ、答えにならんね。善悪を判断する理性のことだよ。この場合は、「Kのことを忘れていたこと」と「裏切ったこと」を許さない気持ちが私の中にあるんだ。意識と言った方がいいか。どういう意識？　友を裏切った……。

S　罪の意識。

T　そうだね。じゃあ、最後にもう一つ。今振り返って考えてみると私の心にある「罪の意識」が「Kのことを忘れていた」りすることを許すはずがないんだよね。でも、「長い散歩」の間中、私はKのことを忘れていた。本文にもあるように「不思議」なことだよね。どうしてなのか、今までの流れの中から考えてごらん。

S　奥さんとお嬢さんのことで頭がいっぱいだったから。

T　うん。あなたは？

S　Kを裏切った罪の意識を感じたくなかったから。

T　それは……、じゃあ無意識のうちに、そういう気持ちが働いていたっていうこと？

S　……。

以下、「分かりません」が続き、根負けする。

T　「奥さんとお嬢さんのことで頭がいっぱいだった」ということは、つまり自分のことで頭がいっぱいだったとも言えるね。少し前の段落にあったね。「利己心の発現」という言葉。「利己心」のかたまりなんだよ。この時の私は。もう一つは「覚悟」という言葉を私が「恋に進む」と考えた時のことを思い出してごらん。「公平に見回す」ことが出来なかったわけでしょ。この場合もそうだ。一つのことに囚われると、他のものが見えなくなっちゃうんだよ。

（C）Kに対する私の良心が復活したのは、私がうちの格子を開けて、玄関から座敷へ通るとき、すなわち例のごとく彼の部屋を抜けようとした瞬間でした。彼はいつものとおり、机に向かって書見をしていました。彼はいつものとおり書物から目を離して私を見ました。しかし彼はいつもの通り今帰ったのかとは言いませんでした。彼は「病気はもういいのか、医者へでも行ったのか」と聞きました。私はその刹那に、彼の前に手をついて、謝りたくなったのです。しかも私の受けたそのときの衝動は決して弱いものではなかったのです。もしKと私がたった二人曠野の真ん中にでも立っていたならば、私はきっと良心の命令に従って、その場で彼に謝罪したろうと思います。しかし奥には人がいます。私の自然はすぐそこでくい止められてしまったのです。そうして悲しいことに永久に復活しなかったのです。

夕飯のときKと私はまた顔を合わせました。なんにも知らないKはただ沈んでいただけで、少しも疑い深い目を私に向けません。なんにも知らない奥さんはいつもよりうれしそうでした。私だけがすべてを知っていたのです。私は鉛のような飯を食いました。

「彼の前に手をついて、謝りたくなったのです」「私の自然」「鉛のような飯を食いました」について。次のように問題を板書し、考えさせる。

1 「彼の前に手をついて、謝りたくなった」のはなぜ？
2 「私の自然」とは、どういうこと？
3 「鉛のような飯」を食べている時の私の気持ちは？

T 先ず、1については？
S Kに対して私は卑怯なことをしたのに、Kは私のことを気遣ってくれたから。
T その通りだね。じゃあ、2は？
S ……。
T 「私の自然はそこでくい止められた」とあるでしょ。何がくい止められたの？
S 謝罪しようと思ったこと。
T そう。謝罪しようと思った気持ちが、人がいることによってくい止められたんだね。この場合の「自然」というのは、「自然な心」とも言えるね。じゃあ、3は？
S ……。
T これは比喩だよね。ようするに飯がまずいんだよ。どうしてまずいのさ？

S　なんか、気まずいから。
T　どうして気まずいの？
S　卑怯なことをした、罪の意識があるからだよ。これで、答えになったね。
T　そうだ。卑怯なことしたし……。
　ほかには？
S　奥さんがしゃべっちゃうんじゃないかと思ったから。
T　そう。直前の文を読んでみるとわかるね。本当は自分がKに打ち明けなければならない。不安、うしろめたさ。そんな気持ちだね。

本時の授業は、ここで時間切れとなった。

この授業記録は、室蘭で行っている「事実と創造の会」に報告したものである。その際にも問題になったのだが、この章では「Kのことを忘れていた私」と「良心を復活した私」が描かれている。発問として、「私（先生）に人間として一番欠けていたものは何か？」と問いかけることも考えられたであろう。

(2)『子供のいる駅』（黒井千次）の授業

※　この授業については、「事実と創造」（一莖書房：九七年十一月号・十二月号）に発表した詳細

な記録をこの「小説の授業」の次に掲載したので、そちらを見ていただきたい。

(3)『舞踏会』(芥川龍之介)の授業

この授業は九七年十月から十一月にかけて行ったものであり、小説教材としては『子供のいる駅』の次に扱った作品である。有名な作品でもあり、本文は省略させていただく。

【教材の内容】

第一章の設定は明治十九年十一月三日、天皇誕生日に鹿鳴館で行われた舞踏会である。当時十七歳だった明子が舞踏会にデビューするところから始まる。「愉快なる不安とも形容すべき、一種の落ち着かない心持ちが根を張っていた」明子であるが、彼女の容姿に男たちは「あきれたような視線」や「一瞥」を投げかける。それは、明子が「開化の日本の少女の美を遺憾なく備えていた」からであった。明子は次第に自信と余裕を持ち始める。そんな明子の前に一人のフランス海軍将校が登場し、踊りを申し込む。

場慣れた将校は「巧みに彼女をあしらって、軽々と群集の中を舞い歩いた」が、同時に明子の快活な踊りと美しさに興味を抱いた。ひとしきり踊った後に、二人は食卓で会話を交わす。明子は、将校が本当に自分のことを美しいと思っているのかを試すために西洋の女性の美しさを讃えたが、将校の「思いのほかまじめ」な答えによってそれを確かめることが出来た。さらに将校は、明子を「ワットーの絵の中のお姫様」に例えて賛美したが、ワットーを知らなかった明子はパリの舞踏会に話題を転じる。それに対して、将校は皮肉な微笑とともに、「舞踏会はどこでも同じことです」と答えた。

一時間の後、バルコニーにたたずむ二人の前には「寂しい秋の呼吸を漂わせている」闇が広がっていた。「庭園の上の星月夜に黙然と目を注」ぐ将校。人々のざわめく音とともに夜空に目をやると、「そこにはちょうど、赤と青との花火が、蜘蛛手に闇をはじきながら」消えようとするところだった。その花火を「ほとんど悲しい気を起こさせるほど」美しいと感じている明子に対して、将校は「私は花火のことを考えていたのです。我々の生のような花火のことを」と教えるような調子で言った。

第二章の設定は大正七年の秋である。鎌倉の別荘に向かう明子（H老夫人）と汽車の中で偶然一緒になった青年の小説家は、夫人から鹿鳴館の舞踏会の思い出を聞かされる。その話に「多大の興味」を感じた青年は、夫人に将校の名前を尋ねた。夫人の答えた名前はフランスの作家ピエル・ロティの本名であったが、夫人は不思議そうに「いえ、ロティという方ではございませんよ。ジュリアン・ヴィオとおっしゃる方でございますよ」とつぶやくばかりであった。

【教材の解釈】

この作品は芥川の作品群の中でも「開化期もの」と呼ばれる諸編の一つである。作品の中にも登場するピエル・ロティの『江戸の舞踏会』をもとにしていると言われている。作品の印象としては、鹿鳴館で行われた舞踏会の華やかさを見事に表現した描写力に目を奪われる。そして、主人公である明子とフランス海軍将校の出会いと別れが、あたかも映画のワン・シーンのように想像出来ること、ストーリーの巧みさなど、さすがは芥川の作品だと思わせる。

この作品で問題になるのは、第一章の中では将校の「我々の生のような花火」という言葉であり、第二章ではその章の設定自体であろう。授業では、描写と二人のやり取りを丹念に追いながら第二章につなげ、主題を考えさせるところに持っていこうと考えた。授業者の解釈としては、第二章を設定することによって、第一章の明子の美しい思い出が時間を越えてなおかつ、美しさを保ちながら生き続けていることに主題があると考えた。授業においても、その辺りを共感的に読み取り、さらに作者の意識に迫るところまで持って行きたい。

【一時間目】

全文朗読（指名読み）の後、構成を簡単に確認し、初発の感想と疑問点を書かせて提出させた。生徒の挙げた疑問点は段落毎に整理し、プリントにまとめて次時に配布した。内容は省略するが、各段落の発問の中に含まれている。

【二時間目】

ここでは第一段落を〔馬車の中、階段、舞踏室の入口、舞踏室の中〕に分けて、主人公明子の心情の変化をつかむことをねらいとした。

①冒頭の二行から、この小説の時、場所、主人公を確認する。

②時代背景を考える。

［板書］

不平等条約改正実現に向け、欧化政策を推進していた時代。
～鹿鳴館は欧化政策の象徴的な存在。

③舞踏会に臨む明子の心情をとらえる。

場面毎に心情の分かることばを抜き出させ、次第に不安を忘れて喜びとなり、余裕さえ出てくることを読み取る。

［板書］

馬車の中　うわの空の返事。いらだたしい目。
←　愉快なる不安……一種の落ち着かない心持ち。

階　段　抑え難い吐息のよう（比喩）。
↓
見逃さなかった。
入　口　羞恥と得意とを……味わった。
感づくだけの余裕があった。

④「あきれたような視線」「あきれたような一瞥」とはどういうことか、考える。

T　僕たちも「あきれる」という言葉を使うね。例えば「あきれた奴だ」と言ったら、どういう意味。

S　ばかだなあ……とか。

T　そう、どちらかと言えば悪い意味で使ってるね。でも、この場合は「開化の日本の少女の美」とある。矛盾しているわけだ。そうすると、「あきれる」には違う意味もありそうだね。文脈から考えて、言い換えてごらん。

S　驚いてる……。

T　そうだ。意外さに驚くという意味がある。この場合はそれだね。じゃあ、何に驚いたかと言えば。

S　明子の美しさ。

【三時間目】

この時間は第二段落の読解である。舞踏室の描写から表現の特色を考えるとともに、この段落での明子の心情の変化をとらえようとした。

①舞踏室を明子の視線で描写している部分から、どんな表現技法が使われているか、また、その部分を指摘させる。場面を想像し、文章から華やかさを読み取る。

②明子の心情の変化をとらえる。

――心情が分かる言葉を抜き出させ、羞恥から余裕・自信に変わることを読み取り、その余裕から将校の心中を察するところにつなげる。

［板書］

恥ずかしそうな微笑
愉快そうなうなずき
おかしくもあれば、同時にまた誇らしくもあった
↓
明子が想像する将校の心中

〜快活な踊りに驚くとともに、日本人としての生活に疑問を抱いているらしい。
↓
今度ははっきりとこう答えた。

【四時間目】

第三段落である。ここでも表現に注目するとともに、明子の心情の変化と将校の言葉の意味を考えることがねらいである。

①食卓のある部屋の描写の部分を読み、表現の特徴をつかむ。第二段落の、舞踏室の描写との違いも考える。

②「女らしい疑い」とは、どんな疑いか？

T　直前に、「相手（将校）の目が……彼女の手や髪や……首へ注がれているのに気がついた」けれども、「不快なことでもなんでもなかった」と言っているのは、なぜ。普通なら失礼なことなんだろうけどね。

S　自分に興味を持っていると思うから。

T　そうだね。ところが、「ある刹那には女らしい疑いもひらめかずにはいられなかった」とあるんだ。「女らしい疑い」とは？

S　興味を持ってるんじゃない……。

T　そう。ということは、言い換えると？

S　美しくない。

T　うん。本当に美しいと思って見ているのかという疑問だね。

T　じゃあ、もう少し先を続けて読んでごらん。

S　〈朗読〉

T　はい。「（将校が）思いのほか真面目に首を振った」とあるね。「思いのほか」という言葉からどういうことが分かる。

S　……。

T　明子が「西洋の女の方は本当にお美しゅうございます」と言ったのは本心から？

S　違う。

T　そう。何のためにそう言ったの？

S　疑問を確かめるため。

T　疑問を確かめるために思いつきで言った。それなのに「思いのほか真面目に」答えたことから何が分かる？

S　将校が本心から明子を美しいと思っていること。

③将校の「パリの舞踏会もこれと同じことです」「舞踏会はどこでも同じことです」と

いう言葉から、どんな気持ちが分かるかを考える。
——将校がワットーの絵を話題にしたことから、将校自身が自分の過去の美しい思い出の世界（明子には見えない世界）に浸り、そこから出たことばが「舞踏会はどこも同じだ」というものである。独り言のように付け加えたのは、自分に言い聞かせているのであろう。

【五時間目】

第四段落のバルコニーの場面の描写について、第二、第三段落の描写との違いを考え、そこから何を表そうとしているのかが問題となる。また、将校の言葉の意味についても、第三段落の言葉とのつながりの中で考えなければならない。

①露台の描写について、今までの描写との違いから何が分かるかを考える。

［板書］

ひっそりと、冷ややかな、寂しい秋
↓
舞踏会が終わりに近付いている。

②花火の場面で「明子にはなぜかその花火が、ほとんど悲しい気を起こさせる」のはな

ぜか、考える。

［板書］

舞踏会の終わり
↓
将校との別れ

③「我々の生のような花火」とは、どういう意味か？

T　直前の部分で「花火が……美しく思われた」とあるけれども、確かに花火は美しいよね。美しいけれども……。

S　すぐに散ってしまう。

T　そう。瞬間の美しさなんだ。「生のような」と言っているから、つまり我々の生というのも……。

S　はかない……。

T　そうだね。

［板書］

「我々の生のような花火」

~美しい瞬間を持ちながらも、はかなく消えてしまう人生のような花火

【六時間目】

第二章について、明子（H老夫人）の心情を読み取るとともに、作者がなぜ第二章を設定し、このような結末にしたのかを考える。

①時、場所、主人公の確認。何年後のことか。

（省略）

②青年が感じた「多大な興味」とは何かを考える。

［板書］

「この人自身の口からこういう思い出を聞くこと」

↓　　　　　　　　↓

当事者　　　　鹿鳴館の舞踏会

知識としてしか知らない鹿鳴館の舞踏会の様子を当事者から直接聞くこと

~「一」はH老夫人の思い出話として書かれている。

③青年の「愉快な興奮」と、H老夫人の「不思議そうな」様子のズレはどこから生じているのかを考える。

[板書]

小説家である青年はヴィオという名前から将校が著名な作家であると理解したが、夫人は本名しか知らなかったし、作家であることも知らずにいた。

④「何度もつぶやく」ところから、この思い出に対するどんな気持ちが分かるか。

[板書]

過去の美しい出来事として鮮明に覚えており、著名な作家であろうがなかろうが、その思い出を大切に胸に抱いていこうとする気持ち。

⑤この結末をどのように考えるか（作者は、なぜこのような結末にしたのか）？

[板書]　※生徒の答え。

・この作品に現実味を持たせる。
・将校の正体を明かすため。
・将校の正体が明かされても、思いは変わらないことを示すため。
・時間が経っても思い出は忘れないことを強調するため。
・実話だと思わせる。

・「こども」と「おとな」を描き分けるため。
・「一」の「生のような花火」は、はかなさを言っているが、「二」で思い出は残り続けることを示して、はかなさを否定するため。
・体験したことと現実とを描き分けるため。

あいまいな答えもあるが全て板書し、これを踏まえて「主題」を考えさせた。

⑥「主題」（作者がこの作品を通して伝えたかったことは何か）を書く。
原稿用紙に書かせて提出させる。

【七時間目】
主題を考える。前時、生徒に書かせたものをまとめてプリントし、生徒に配布。同じ意見のものについては、一つにまとめた。この時間は、ここからさらに主題をしぼっていこうと考えたのである。
①プリントから、曖昧な意見については本人に説明させ、さらに要約して板書する。

［板書］

1　思い出は永遠である。
2　一瞬一瞬を大切にしよう。
3　人の思いの強さ。
4　人生の輝かしさ、あっけなさ。
5　人生には華やかな時とそうでない時がある。
6　思い出を大切に、そして信念を持つ。
7　子どもと大人を表している。
8　人生のはかなさ。
9　生とは何か。
10　鹿鳴館が政策だけのものではなかった。
11　鹿鳴館の素晴らしさと思い出の深さ。
12　芥川は舞踏会に出たかった。

やはり、何人かから12への批判が出された。本人としては、「出たいかどうかはともかく、鹿鳴館時代への興味が感じられる」と反論したが、10の意見とともに、「そういうことだけを書きたかったのではないだろう」と退けられた。6、7についても本人の説明が曖昧で、その意見を押すものはいなかった。結果的には、1、2、3の意見が大勢を占めた。

主題：美しい一瞬を持った過去の思い出は、はかないものではあるけれども、人間の心に大切なものとして確かに存在し続けるものである。

【八時間目】

この作品の原典であるピエル・ロティの『江戸の舞踏会』を読み、芥川の作品との違いを見つけ、創作意図を考えさせた。そして、最後に作者について解説した。

『江戸の舞踏会』には、明子のように美しく活発な踊りを見せる少女は登場しない。ここが一番大きな違いであろう。明子は作者の創造した人物である。このような人物を登場させることによって、鹿鳴館の舞踏会をより華やかなものにし、そこを舞台にした物語をつくり出そうとしたのであろう。

一時間目、一読後に疑問点を書かせたが、「この話は本当にあったことなのだろうか」とか「H老夫人が『お菊夫人』なのではないか」という疑問が複数あった。そう思わせるところが小説の面白さである。答えとしては、本当にあったとも言えるし、なかったとも言えるであろう。

四、おわりに

問答形式の授業にこだわる理由は、一、でも述べたように「じっくりと教材に向き合い（略）生徒との問答を繰り返しながら内容を深めていく」ためであるが、さらに具体的な理由が次の文章の中にある。

「たとえば教材が文学作品である文学教育においては、作品の中にある文字がつくり出しているイメージを、それぞれの心のなかに吸収させ定着させることが文学教育である。だから文学教育においては、授業の展開のなかで、イメージをどのようにしてかきたてるかが必要である。作品を媒介にして、それぞれの心のなかに、また教室全体に、イメージを壮麗に花咲かせていくことが必要である。文字そのものだけを教えたり、内容を理解させたり、分解したり説明したりするだけの教師では、決して文学教育をしているとはいえない」（斎藤喜博全集第五巻『授業』より）

つまり、問答によって場面をイメージすることがねらいであり、そのことによって心情を具体的に読み取っていこうということである。問答以外にも方法はあるのかもしれない。問答は一対一である。しかし、一人の答えが全体に影響し、さらに新しい答えが生まれる。「そういう教師の発問とか、問い返しとか、反問とか、うながしとか、無言の意思表示とかによって、子どもたちは、問題に新しく目を向けたり、新しく疑問を持ったり、理解したり、思考の拡大や変革をうながされたり、自分のものに定着させたりしていくものである」（同全集第六巻『授業の展開』より）

問答にこだわる具体的な理由としてもう一つは、一方的な授業を極力避けたいということがある。確かに、授業の中には説明したり語りかける場面もあるが、往々にして進学校などでは講義形式の一方的な授業が見られるようである。九六年度に受け持った二年生六クラスで、最後の授業の時に「私の授業論」という作文を書いてもらった。この「私」とは生徒各人のことであり、「あなたは授業というものをどのように考えるか」という問いかけであった。その中で生徒が挙げた悪い授業の例は、「生徒を馬鹿にするような授業」であったり、「教師だけが分かったような顔をして一方的に進める授業」であり、「自分の価値観や知識の押しつけの授業」などである。これは一考に値する。また、実際にそのような授業が行われていることも示している。

生徒に言われるまでもなく、授業とは教師と生徒、生徒と生徒の間に対立や葛藤を起こして成立するものであり、既成の知識を一方的に教え込むだけのものではない。そういう意味においても、国語の授業はじっくりと教材に向き合って深めていくものでなければならないであろう。私の報告した三つの文学作品の授業が、多様なイメージを誘い出す、あるいは内容を深める追求的な授業になり得たかという点において、まだまだ課題は多い。作品のどこを問題にし、何を、どのように発問するか、イメージをどこにつなげようとするのか、内容への切り込みや解釈が十分だったか等々、考えなければならない点がある。

「そういう（子どもたちの心が楽しく豊かになり、新鮮になり、みちたりて心も体も大きくなっていく）授業とか教授とかは、教師が教材の本質をはっきりととらえ、教師としての自分の解釈なりイメージなりを豊かに持っていてはじめてできることである」（同全集第9巻『私の授業観』より）

とはいえ、文学教材への取り組みに対する一つの素材を投げかけ、受験という現実の中での授業の方向性を示すことは出来たのではないだろうか。それをもってよしとするものではないが、少なくとも「壁」を乗り越えるとっかかりにはなるだろう。

〈付記〉「小説の授業～斎藤喜博に学ぶ問答形式による授業実践」は、平成九年度の教育研究合同集会（全国教研）へのレポートしてまとめたものである。

「子供のいる駅」（黒井千次）の授業

一、教材について

〈使用教科書・単元〉新選国語一（尚学図書）小説（一）

「子供のいる駅」（黒井千次）全文

〔第一段落〕

　初めての一人旅というものは、まだ幼い心と体にどれほどの緊張と期待と夢を背負わせるものであることか。たとえその旅が、間違って配達された手紙を四つ角の鈴木さんの郵便受けまで届けるための往復であれ、夕暮れの文房具屋への折り紙や画用紙の買い物であれ、子供にとってそれが世界に向けてのたった一人の最初の旅であることに変わりはない。そしてその旅で、小さな出来事や奇妙な冒険に出会ったからといって、その子供が不幸であったと決めることはだれにも許されない。――テルの場合はこんなふうであった。

東京の郊外にあるテルの学校では、生徒の半数以上が電車通学やバス通学であった。バスの場合はそれほどでもなかったが、テルには薄水色の電車の定期券がなんともうらやましくてならなかった。ひもや鎖のついた定期券をポケットからひき出し、なにげない顔つきで改札口を通っていく友人たちの姿がひどく大人びて見えたのだ。電車通学もできないのに、なぜテストなんかを受けてあの学校に入らなければいけなかったのか、とテルは母をなじった。あの学校に通うためにわざわざこの町のマンションに引っ越して来る人もいるというのにね、と母はとりあわなかった。

不幸にも家が学校に近かったので二年生になっても一人で電車に乗ったことのなかったテルに、願ってもないチャンスが訪れた。電車で五つほど離れた駅から通っている吉田クンから、火曜日の午後の誕生日の会に招かれたのだ。メンバーは少数で、電車通学の友人ばかりだった。火曜日は四時間だから、うちへ帰ってランドセルを置いたらすぐ行くよ、とテルは母親の許しも得ずに吉田クンに答えた。こうして、テルのささやかな一人旅は準備された。

母親はまるで息子を外国に手放すかのように心配した。吉田クンが待っているはずの向こうの駅の改札口まで送ってやろう、と何度も何度もテルに言った。その度に、大丈夫だよ、一人で行けるよ、とテルはしだいに大きくなる声で答えた。黒い革の小さな財布に白いコインと赤いコインを何枚かもらって入れ、それをズボンのポケットの奥深くに押し込んだ。新しいハンカチとチリ紙を渡されて、テルはたった一人の短い旅に出た。家の前の道が、学校に通う時より白く広く感じられた。

「キップを落としちゃだめですよ」

「改札口を入ったら、キップはすぐお財布にしまいなさいよ」

「なくしたら、もう駅から出られなくなるんだからね」

門の前に立った母親が伸び上がっては声をかけ続けた。振り返って手でこたえながら、自分が今、会社に出かけて行く父親になったような気分をテルは味わった。母親に見えないように彼はそろえた二本の指を唇にそっともっていく。すると指の間に透明なたばこが生まれ、テルは電柱のわきを通り過ぎる時に空気の色をした煙を吐いてみた。

〔第二段落〕

行きはなにごともなかった。というより、乗り込んだ電車の中で同じ吉田クンのうちを訪れる友達にばったり会ってしまったので、テルの一人旅は家から駅のプラットホームまでしか続かなかったわけだ。テルにはそれが残念だった。電車に一人で乗りたいばかりに、彼は早く帰るように言われているからと吉田クンにうそをついて、友達を残したままひと足先に家に向かった。吉田クンの母親が、一人で大丈夫かしらと心配するのに、僕はどこへでも一人で行っているのですから、とテルは答えた。

行きとは逆のコースをたどって駅についた。自動販売機で子供のキップを買って改札口を通った。ピカピカ光る手すりにつかまって階段をのぼった。プラットホームに降りるとすぐに下り電車が来た。あまり待つ時間がなくてもの足りなかった。電車はすいていた。負け大きく開けた窓から塊になった風が飛び込んでテルを椅子の上に押し倒そうとした。負けるものか、と彼は風に顔を押しつけていった。すると、電車は飛行機になって線路すれすれの低空を飛行し始めた。こうして、人けの少ない車両の中での単独行の楽しみをテルは味わい続けた。もうどこまでだって一人で行ける、とテルは思った。あっという間に降りる駅の近づいてしまうのが不満なほどだった。これではあまりにすぐ帰れてしまう……。

ところが、そうはならなかった。テルが変異に気づいたのは、階段を降りて改札口の前まで来た折だった。囲いの中にこちらを向いて駅員が立っていた。彼が何かを要求しているのがテルにはわかった。駅員が広げた両手の上に、人々は次々と何かを渡しては狭い通り道をすり抜けた。テルはギョッとしてその場に足が凍りついた。どうしていいかわからなかった。だれもが当たり前の顔をしてその儀式を繰り返していた。テルにはそれができなかった。ポケットには財布しか入っていなかった。取り出した財布にはお金しか入っていなかった。そして何もないポケットの底はふわふわと生温かいだけだった。

その時、駅員が銀色のはさみで改札口の囲いを激しくたたいた。

「もしもし、お客さん、秋葉原からの方！」

こたえるものがないと知ると駅員は急に声を張り上げた。改札口から遠ざかる人の動きに小さなざわめきが生まれた。次の瞬間、駅員の体は軽々と改札口の囲いを跳び越えて外に走った。人々のざわめきが止まって音が消え、その中を一人の男が駆け抜けようとしてたちまち駅員に手首を捕らえられた。大声のやりとりが二つ三つとびかい、それから急におとなしくなってしまった黒い服の男の腕を取って駅員は戻って来た。男の顔は奇妙な赤い色に染まっていた。

「逃げないから放せよ」
「あんたは知ってたわけでしょう」
「だから僕は……」

激しく体がもみ合うと、男は腕を振りもぎって改札口の前からもう一度逃げようとした。今度は駅員の顔が真っ赤になり、男の顔色は青く変わっていた。男は駅員に強くひかれて事務室の中に消えた。

キップを渡さないで出ようとしたんだ、とテルは思った。まるで泥棒が捕まる時みたいだ、とテルはおびえた。そして突然、自分がなぜそこに立っているかに彼は気がついた。駅員が男を事務室に連れていった後、改札口は少しの間無人の状態になっていた。いま夢中で走り抜ければ逃げられるかもしれない、という考えがちらとテルの小さな頭をかすめた。人のいない改札口の囲いの中から、赤い顔をした駅員が何人も何人もわき出しては襲いかかって来そうな恐れが、しかしたちまちテルをおさえつけた。人のいる改札口より、人影のないまま口を開いた改札口のほうがよけいに気味悪く感じられた。逃げなくては、とテルは思った。彼はいちもくさんに走った。改札口とは逆に階段を駆け上り、いつかホームに立って苦しい息を吐いていた。家を出る時の母親の言葉がよみがえった。「キップを落としちゃだめですよ」「なくしたら、もう駅から出られなくなるんだからね」——。

僕はもう、ここから出られなくなったのかもしれない、とテルは考えた。出ようとすれば、必ずあの男のように改札口で捕まってしまうにちがいない。駅から出られなくなった場合の逃げ方については、母親は何も彼に教えてはくれなかった。

〔第三段落〕

ホームにいる間はまだ安全なのだろうか。両親と一緒に出かけた際、電車の中でキップを見せてほしい、と係員の回って来たことがあった。ホームではそんなことをしている駅員を見たことがない。平気な顔をして立っていれば、だれがキップを持ち、だれが持っていないかなどわかりはしないだろう。そう気がつくと、テルは少し落ち着いて売店のそばの水飲み場で水を飲んだ。ぬるい水が嫌な薬のにおいをたてながら細くつまってしまったようなのどを降りていく。

少しずつ気持ちが平静さを取り戻してくるにつれ、テルの頭は、どうやって危険を逃れるかということより、どこまでは安全であるかの限界を確かめようとするほうに向かった。長いプラットホームの西の端まで白線のタイルを踏んで数えてみる。階段の下から百四つ目にあたる最後のタイルまでは完全に駅の中だ。いや、黄色いペンキで縁取られた木の通路が伸びて行く線路の間まではまだ駅に含まれるのかもしれない。

そう考えているとテルにはふと思い出されることがある。いつか、駅前の信号の横のポストに手紙を入れた後、なにげなく木の扉の開いていた道にふらふらと入り込んでみたことがある。中から青い服を着て黄色いヘルメットをかぶった男が現れて、何の用か、と尋ねた。黙って首を横に振ると、ここは駅の構内なのだからやたらに入ってはいけないのだ、とテルを追いたてた。「コーナイ」という言葉の意味は正確にはわからなかったが、それでも「領地」のようなものらしい、という想像までは彼にもついた。だから、反対側から見れば、あの木の扉のところまでは行っても大丈夫なわけだ。

プラットホームには売店がある。あそこでチューインガムを売っているおばさんはキップを持っているのだろうか。電車から投げ出された新聞らしい茶色の紙の包みを取りに来る青いジャンパーを着た人たちも、やはりみんなキップを持っているのだろうか。疑問はいくらでもわいて出たが、テルにわかるのはただ、キップをなくした以上、自分はもうこの駅から外へは出られないのだ、ということだけだった。改札口の駅員の赤い顔が目にちらついて離れない。

夕暮れが近づいて電車に乗り降りする人の増えたのにテルは気がついた。うっかり学校の先生などにみつかっては大変だ、という新しい心配に彼は向き合わねばならなかった。更に遅くなれば会社から帰って来る父親に出会わないともかぎらない。その前に、顔色を変えた母親が警察の人と一緒に捜しに来るかもしれない。隠れよう——テルはそう決心した。どうせここからもう出られないのなら、この中で一人でしっかり暮らしていかなければならない。

〔第四段落〕

刻々に増加し続ける人々を前にテルは焦った。あの階段から、ホームに滑り込んだ電車のドアから、夕刊を売る売店の陰から、いつ知った顔が現れるかわからない。周囲を見回すテルの目は、二つある階段の古い狭いほうの昇り口をとらえた。新階段と違って狭い階段の側面は、灰色のペンキのはげかけた板張りだった。ホームのいちばん端にあり、改札口からも離れているためにそちらの階段の利用者はあまり多くはなかった。人けを避けてテルは階段の裏手に回り込んだ。遠くに踏切の見えるひっそりとした空間がそこに広がっていた。ここにしばらくしゃがんでいよう、と考えてペンキのはげた板にもたれて彼はうずくまった。

「おい、どうした？」

背中の奥から小さな声が呼びかけていた。押し殺されてはいても、それが男の子の声であるのをテルはすぐに聞き分けた。声だけではなく、背中が持ち上げられるように平たい力を受けている。

「入って来いよ」

柔らかな声が今度はもっとはっきりテルの耳に届いた。驚いて立ち上がろうとした時、板張りの壁の一部が突然四角く口を開いてテルは薄闇の中に転げ込んでいた。

「キップ、なくしたんだろ？」

自分より少し年上らしいジーパン姿の男の子が目の前に立っていた。

「心配ないわよ。私たち、みんなそうよ」

お誕生パーティーの帰りらしい、白いドレスを着て小さなバスケットをさげた女の子がわきから言った。口々に何かをつぶやく二十人近い子供たちの影が、板張りのすき間から射し込む光線の中にぼんやり浮かんで見えた。奥に行くほど低くなっている斜めの天井が激しく鳴った。電車が来て、大人が慌てて走っているのさ、と野球帽にユニフォームをつけた子供が教えた。どこかで見たことのある顔だった。

「ずっと、いるの？」

テルはほこり臭い空気にようやくなじみながらジーパンをはいた男の子に尋ねた。

「まあ、な」

「キップが出てくるまで?」

「さあ、出てはこないだろ」

少年は愉快そうに笑った。今日からここが僕のうちだ、とテルはとっさに悟った。大人になるまで僕はここから出ないだろう、と他人ごとのように思いながら彼はコンクリートの床にしりをつけた。また斜めの天井がゴトゴト鳴っている。


〈教材の内容〉

小学校二年生のテルが初めての一人旅に出た。テルは、大人に対する強い憧れを持ち、自立心が芽生えつつある少年だった。旅の帰り道、テルは電車のキップをなくしてしまい、改札の前でどうしていいか分からなくなる。その折、改札口で男が駅員に捕まる現場を見た。そのことによって恐怖心が募る。もう「ここから出られなくなった」と考えるテルは、隠れる決心をした。「この中で一人でしっかり暮らしていかなければならない」と思い、人気を避けて古い階段下にしゃがみこんだテルの耳に子供の声が聞こえた。不思議なことに、板張りの壁の一部が口を開いた中に転がり込んだテルの前には二十人近い子供たちがいた。みな、テルと同様にキップをなくした子供たちである。テルは、「今日からここが僕のうち」だと悟り、「大人になるまで僕はここから出ないだろう」と他人ごとのように思うのである。

〈教材の解釈〉

この作品は奇妙な短編小説である。具体的に言えば、テルが「ここから出られなくなった」と考えたのは理解出来るが、「この中でしっかり暮らしていかなければならない」と思うことには不自然さがある。さらに、「板張りの壁の一部が突然四角く口を開いて」という辺りはSFの世界であり、また「もうこの駅から外へは出られない」と言いながら、学校の先生や両親に見つかることを避けようとすることも自然ではない。そう考えると、テルは駅の外に出ることを無意識のうちに拒否しているのではないかと思い付く。その理由として考えられるのは、テルの自立心が芽生えることによって母親の干渉を強く嫌っていることである。この、テルの潜在的な心の動きが、作品を支えているのではないだろうか。そう考えると、テルが「隠れよう」と決心することも、そして「ここが僕のうちだ」と悟ることもつじつまが合うのである。

もう一つ考えなければならないのは、母親の存在とキップであろう。「逃げ方については、母親は何も彼に教えてはくれなかった」という箇所がある。おそらく母親は、テルがキップを落とすということなど考えもしなかったに違いない。自分（母）の言うことに従うはずだと思い込んでいるのである。ところが、テルはキップをなくした。そのキップとは、「誰もが当たり前の顔をして」行う「儀式」に必要なものである。そして、「儀式」を行うということは大人のつくったルールに従うということであろう。しかし、二十人近い「キップなど必要としない」子供たちとテルは出会い、合流する。

「隠れよう」と決心するテルが、子供たちだけの世界を発見する。これが、テルの「初めての一人旅」の顚末である。この教材で生徒とともに読み取らなければならないのは、この部分であろう。しかし、課題はまだある。子供たちが、その後どうなるのか。ここで、作者の最初の言葉を思い出す。「(初めての一人旅で)小さな出来事や奇妙な冒険に出会ったからといって、その子供が不幸であったと決めることは誰にも許されない。」作者は、テルが子供たちだけの世界を見つけ、仲間入りしたことを肯定しているようである。この部分をどのように考えるか。ここは作文で各人に考えさせたい。

二、授業の展開

【一時間目】

全文音読。構成（段落の指示）。

〔プロローグ〕※作者の考えとして受け取り、読解後に検討する。

初めての一人旅……緊張と期待と夢。

↓

小さな出来事、奇妙な冒険……不幸であったと決めることは誰にも許されない。

【二時間目】

〔第一段落〕※主人公、登場人物について確認。

テルの学校

問① 「生徒の半数以上が電車やバス通学」で、「テストなんかを受け」なければならない学校とは、どのような学校だろうか？

答① 母親の「あの学校に通うためにわざわざこの町のマンションに引っ越して来る人もいるというのにね」という言葉などから考えると、「東京郊外にある」名門私立小学校であろう。

問② テルは、そのような学校に入学したことを喜んでいるのか？

答② 喜んではいない。（理由：テルは電車の定期券を持つ友人が大人びて見え、うらやましく思っているから。）

問③ そのような学校へ行くことになったのは何故か？

答③　テルの、「母をなじった」という言葉から、母親の意志によると考えられる。

一人旅へ出発

問④　「送ってやろう」と何度も言う母に答えるテルの声が、しだいに大きくなるのは何故か？

答④　初めての一人旅を邪魔されたくなかったから。

問⑤　いつも学校に通っている道が、今日に限って「白く広く感じられ」とはどういうことか？

答⑤　初めての一人旅への「期待と夢」が、見慣れた道さえもいつもと違ったものに見えているということ。

テルと母親

問⑥　テルと母親について、それぞれどのような人物として描かれているか？

答⑥

テル↓「父親になったような気分」や「喫煙のまね」なども含めて考えると、大人に対する強い憧れを持った少年であることが分かる。また、母親の干渉に対する反発や「母親の許しも得ず」に誕生パーティーへ行くことを決めるところなどから、自立心が芽生えていることも分かる。
母親↓「外国に手放すかのように心配」という点から、子供に対する過保護な面がうかがえる。また、子供を有名私立小学校へ入学させるあたりからは、教育ママであると想像出来る。

【三時間目】
〔第二段落〕※一人旅におけるテルの心情の変化を読み取る。

〈行き〉
友人と出会い、なにごともなかった。
［1］
〈帰り〉
うそをついて、ひと足先に家へ向かう。
すぐに下り電車が来た。［2］
窓から塊になった風。［3］

問① ［ ］にテルの気持ちを答えなさい。
（文中から語句を抜き出す。）
答①―1 残念だった。
〈一人旅への期待と夢〉
どこへでも一人で行っているのです。
〈虚勢〉
答①―2 もの足りなかった。
〈不満足〉
答①―3 負けるものか。
〈つかの間の満足感・解放感〉

変異

駅員が人々に何かを要求。［4］

改札口での人々の「儀式」がテルには出来ない。

〈改札口での出来事〉

男が駅員に捕まった。［5］

無人の改札口。［6］→［7］

答①―4　足が凍りつき、どうしていいか分からなかった。

〈ショック〉

答①―5　おびえた。

〈恐怖〉

答①―6　逃げられるかもしれない。

答①―7　捕まることへの、恐れ。

逃げなくては……僕はもう、ここから出られなくなったのかもしれない。

問②　「駅から出られなくなった場合の逃げ方については、母親は何も教えてはくれなかった」とあるが、母親は何故テルに「逃げ方」を教えなかったのか？

答②　自分（母）に言った通りに行動すれば、逃げる必要など起こらないから。

問③　そのことから、母親のテルに対するどんな気持ちが分かるか？

答③　十分に注意したのだから、子供は自分の言った通りに行動するだろうという気持ち。また、自分の言ったことに従わないなどとは考えられないという気持ちもうかがえる。

【四時間目】

〔第三段落〕※駅に留まることを決意するテルの心情を読み取る。

ホームは安全。
←平静さを取り戻す。
←現実を見極める。
（どこまでが安全か）
←もう駅から外に出られない。
←

問① 「安全」とは、何から安全なのか？
答① 駅員。（捕まる心配がないこと）
問② 「キップ」とは、テルにとってどういう意味を持つものか。
答② 改札口を通って駅の外へ出るために必要なもの。
問③ その答えを、第二段落の言葉（儀式）を使って言い替えよ。
答③ 誰もが当たり前の顔をして行っている儀式に必要なもの。
問④ 同様に、「改札口を通る」とは？
答④ 儀式を行うこと。

新しい心配。
（親たちと出会う）
←隠れよう……決心。

問⑤「儀式を行うこと」を次のように言い替えると、「　」にどのような言葉が入るか？

「　」に従うこと。

答⑤ルール（規則）

問⑥そうすると、テルの今の立場は？

答⑥ルールから逸脱した者。

> どうせここからもう出られないのなら、この中で一人でしっかり暮らしていかなければならない。

問⑦テルは何故学校の先生や父親、あるいは母親と出会うことを避けたのか？

答⑦〈生徒の実際の答え〉

・怒られるから。

・キップをなくしたことを知られたくなかったから。

・もう一人旅は出来なくなると思ったから。

問⑧確かに「怒られる」とか、「もう一人旅は出来ない」という答えは考えられる。しかし、本当にここから出たいのなら、もし「怒られ」ても自分を見つけてくれた方がいいのではないか。それを避けたということには、どんな意味が込められているのだろうか？

答⑧〈生徒の実際の答え〉

・一人旅を続けたいということ。

・せっかく一人旅が出来たのに、成長することもなく終わってしまうことが嫌だということ。

・先生や親たちから管理されるような元の生活に戻りたくないということ。

ここから、母親の「子供は自分の言う通りに行動するはずだ（ルールに従う）」という考えから逸脱する少年の姿が浮き彫りにされる。

【五時間目】

〔第四段落〕※非現実的な出来事について考える。

T① 「刻々に増加し続ける人々を前にテルは焦った」とあるけれども、テルは何を焦っているの？

S　見つかってしまうから。

T　誰に？
S　父親や母親。
T　そう。それに学校の先生や、母親と一緒にやって来るかもしれない警察の人だね。見つかるかもしれない。だから、「隠れよう」と決心したわけだ。
T②「テルは薄闇の中に転げ込んでいた」とあるけど、「薄闇の中」とは具体的にどんな場所なの？
S　階段の裏。
T　うん。もっと具体的に。……じゃあ、次のところを読んでみてごらん。〈指示〉
S　「人けをさけてテルは階段の裏手に回り込んだ。（略）ここにしばらくしゃがんでいよう、と考えてペンキのはげた板にもたれて彼はうずくまった」「板張りの壁の一部が突然四角く口を開いてテルは薄闇の中に転げ込んでいた」「板張りのすき間から射し込む光線の中にぼんやり浮かんで見えた。奥に行くほど低くなっている斜めの天井が激しく鳴った」
T　そうすると……。〈黒板に略図を書く。〉これは、二つあるうちの古い方の階段だね。その裏手に回って板にもたれていたら、突然口が開いて中に転がり込んだわけだ。古い階段の下。板で囲まれた闇の中ということだね。
T③　さて、テルに話しかけたのはどんな子供たちなの？　具体的に確認しておこう。

S　自分より年上らしいジーパン姿の男の子。
T　そして。
S　お誕生パーティーの帰りらしい、白いドレスを着て小さなバスケットをさげた女の子。
T　そう。そして……。
S　野球帽にユニフォームをつけた子供。
T　うん。しかも、どこかで見たことのある顔なんだよね。
T④　じゃあ、この子供たちに話しかけられていく中で、テルの気持ちはどんなふうに変化してる？「おい、どうした」「入って来いよ」と声がした時は……。
S　驚いた。
T　そう。驚きだ。驚きから、どんなふうに変化している。これは書いてないんだけれども、想像出来るよね。
S　……。
T　年上の男の子。そして、自分と同じパーティー帰りの女の子。さらに「どこかで見たことのある顔」をしたユニフォーム姿の子供だよ。まだ、驚いたままかい？それとも不安を感じてるの？
S　いや、安心してる。

T　うん、そうだね。「安心」だ。

T⑤　それじゃあ、この問題はどうかな？〈板　書〉

A、どうせここからもう出られないのなら、この中で一人でしっかり暮らしていかなければならない。

↓

B、今日からここが僕のうちだ、とテルはとっさに悟った。

Aは第三段落の最後のところだね。Bはもちろん第四段落の最後だ。「この中一人でしっかり暮らしていかなければならない」と「ここが僕のうちだ」というのは、結局は同じことを言ってるんだけども、AとBではテルの気持ちに違いがあるでしょう。どんな違い？

S　……。

T　「どうせ」という言葉はどんな時に使うの？

S　何か……こう、仕方がないという……。

T　うん。仕方がない。仕方がないから、この中で暮らすということだね。あきらめと言ってもいいかもしれないね。Aの方は、「仕方がない」「あきらめ」。Bの方は

S　……、「悟った」という言葉を別な表現に言い替えてごらん。

S　分かった。

T　そうだ。「分かった」「理解した」ということだ。これは、Aと明らかに違うね。しかも「とっさに」と書いてある。おそらく「直観的に」「理解した」ということだろうね。

T⑥　それじゃあ、「理解する」きっかけは何だったんだろうか?ちょっと、確認してみよう。〈指示〉読んでくれる。

S　「『ずっと、いるの?』テルはほこり臭い空気にようやくなじみながらジーパンをはいた男の子に尋ねた。『まあ、な。』『キップが出てくるまで?』『さあ、出てはこないだろ。』少年は愉快そうに笑った」

T　そして、「今日からここが僕のうちだ、とテルは悟った」と続くわけだ。そうすると、少年がキップは「出てこないだろ」と言って愉快そうに笑ったことがきっかけになるわけだね。この時、テルにとってキップは必要なものなの?

S　いや、もう必要ない。

T　そう。キップはもう必要ではなくなったんだ。そこで、「悟った」となるわけだ。じゃあ、思い出してよ。第三段落までのところで、キップはテルにとってどのようなものだったんだっけ?

S　改札口を通って駅の外へ出るために必要なもの。〈ノートを見ながら答える。〉

T　うん。それを「儀式」という言葉で言い替えると。

S　誰もが当たり前の顔をして行う「儀式」に必要なもの。

T　「儀式を行う」と言うことは？

S　ルールに従うこと。

T　そうだったね。そのルールというのは誰が作ったものなの？

S　大人。

T　そう。じゃあ、まとめてみよう。〈板　書〉

キップ―大人が作ったルールに従うために必要なもの。
　↑
必要ない↓安心↓ここが僕のうちだ。

T　こうなるわけだ。

T⑦　それでは、最後の質問。「今日からここが僕のうちだ、とテルはとっさに悟った」ことには、どのような意味が込められているのだろうか？　ノートに書いてください。

〈生徒の答え〉
・自由になること。（大人やルールなどから）
・親からの解放。
・今まで望んでいた本当の一人旅が出来ること。
・子供の自立と、その仲間。
・自分の意志が貫けること。
・管理から逃れること。
〈まとめ〉主題（作者がこの作品で描きたかったこと。）

大人のルールにしばられない子供たちだけの世界を発見し、仲間となったテルの姿。

T　主題を「作者がこの作品で描きたかったこと」と考えると、このような結論になるね。ところで、第一段落を思い出してみよう。作者はこんなふうに言ってたんだ。「（初めての一人旅で）小さな出来事や奇妙な冒険に出会ったからといって、その子供が不幸であったと決めることはだれにも許されない」そうすると、作者はテルの場合の結論を「不幸であったと決めることは」出来ない、あるいは肯定していると考えられるね。でも、本当に肯定出来るんだろうか。不幸と言えないんだろうか。

もしかすると「逃避」とも考えられるかもしれないね。さあ、その点を皆さんはどう考えるか。次回は、そのことも含めて「感想文」を書いてもらうことにします。

三、感想文

「大人になるまで僕はここから出ないだろう」と最後に書かれている。この場合の「ここ」というのは子供だけの世界のことだが、その世界に入ったテルは「不幸」ではなかったのだろうか。

テルは、冒頭に書かれているように管理された日常を送っている。その「管理された生活」から逃れることができたという点では「不幸」ではないと思う。自分も時々勉強に追いたてられる毎日が嫌になるときがある。しかし、そこで勉強やその他のつらいことから逃げだしたら将来的に自分のためにならないと思う。テルの場合も同じことが言えるだろう。管理された生活から逃げ出してもテル自身は何も変わらないのだから。それはあまり良かったとは言えないと思う。

これらのことから客観的にテルを見たら、自分のためにならないのだから彼は「不幸」だと思う。しかし、彼は理想の生活を手に入れたのだから、彼自身「不幸」だとは思っていないだろう。こうした理由から、作者が「小さな出来事や奇妙な冒険に出会ったからといって、その子供が不幸であったと決め付けることは誰にも許されない」と述べているのだろう。

最後に、テルはキップをなくしたのではなく「子供だけの世界」へ入るために使ってしまったのかもしれないと思った。それは、テルが大人たちの管理が嫌だったから、知らず知らずのうちに非現実の世界への扉を開く鍵としてキップを使ったということも考えられるからだ。（K）

この小説を読んで、初めは作者が何を言いたいのかがわかりませんでした。しかし、何度も読んでいくうちにやっと理解できました。現代の子供は、親の言う通りに行動しみんなのマネをしたがります。それだと社会で生活するうえではとてもまとまりやすく、親も満足するでしょうが、自分を主張することがとても難しくなってきていると思います。この小説の主人公のテルも、自分を表現するために一人旅を実行したと思います。

この小説はあまりにも現実からかけ離れているため、自分とテルを重ね合わせて考えることは難しいですが、テルのように大人のルールにしばられない子供たちだけの世界に仲間入りする勇気は自分にはないと思います。大人のルールに従って生活するのは確かに面白みにはかけますが、楽だしそれなりに生活できるので十分だと思っています。だからといって、テルのとった行動を否定するわけではありません。大人だって社会の中でうまくやっていくために自己を主張することをためらっているのであって、言いたいことは山ほどあると思います。今自分を主張するには、テルのように周りの人とは違った世界でくらさなければならなくなっています。個人がもっと意見を主張しやすい世の中になったら、より生活しやすくなるのではないかと思います。(K)

ぼくは、「子供のいる駅」という題からして奥が深そうに感じましたが、やっぱり変わっている小説でした。

初めのほうは、ごく普通の少年時代とも思えるような現実的な話からで、一人旅については、ぼくも作者の考え方と同じように思っています。自分の体験からしてもそう言えます。

テルは現在の日本の子供を代表しているように思えます。親や先生に管理されている点では、ほんとうにそっくりです。この小説は、後半はかなり現実とはかけはなれていきますが、子供たちが管理されすぎている現在の社会を強く否定しているように思えます。例えば、テルが大人にあこがれているのも大人のように自由になりたいからでしょう。最後に子供だけの世界に入っていき、大人になるまで出ないというのもそのためだと思います。

それにしてもこの小説は現実から非現実へのうつり変わりがとてもうまくされているように思えます。

ぼくは、小説はあまり好きではありませんが、この小説はけっこう好きになりました。

小説や文章は読者をどれだけ文の世界へひきこめるかが大切かということをつくづく感じました。

結末にしっかりとした終わり方をしていないのは読者への問題の投げかけでしょう。ぼくは最後のことについて、さっき今の世界への否定と書きましたが、ただ否定するだけではいけないのでしっかりとした答を出さないといけません。テルは別の世界へ行ってしまうのですが、本当はそれではいけないのです。でも今の世界で子供が生き生きと生活できる場はないので作者はしっかりとした終わり方をしていないのだと思います。

この結末ができるのは子供にとって生活のしやすい世界になった時でしょう。（H）

テルは不幸ではなかった、と思う。それよりもむしろ、他の人達よりもずっと幸運であったのではないかと思う。

テルはキップをなくしてしまい、キップを駅員に渡して駅から外へ出るという儀式をすることを放棄してしまった。この「儀式」は大人が当たり前の顔してすること、だれもがみな、同じことを繰り返してやっていることで、だれもが自分自身に押しつけているルールだと思う。この「儀式」をすることで自分の行動を他人と同化していき、個性も何もない、自分から変わっていこうとしないようにする。これが「大人」になるということなのではないだろうか。そこでテルは憧れていたうわべだけの「大人」になることを放棄して、大人に管理され、大人のレールの上を歩かずに、自分自身で変わっていくために、隠れようと決心したのだろう。決して、現実逃避してしまった訳ではないと思う。

現実を逃避したのではないのでテルはこの後、また、戻ってくるだろう。その時には、テルは、はじめに憧れていた大人ではない、新しい大人の変わっていることだろう。ゆえに、テルは不幸ではなく、幸運であったと思う。

このテルの冒険は、新しい自分を見つける冒険だったように思う。自分もテルのようになってみたい。（S）

この話を読んで、まず思ったことは、結末が非現実的な事になってしまったことが残念だということです。現実にありそうなエピソードだからこそ、現実的かつ意表をついた結末にしてほしかったです。他には、テルみたいに、子供はいつでも親に甘えていたいとは限らないから、ちょっと強がってみたりするのは共感が持てました。自分一人でも、やればできるんだっていうことを親に見せてほめてほしいって考えも少しはあるのかな、と途中まで思っていました。最後でテルは親から離れることに決心していたので、そういう気持ちはあまりないのだな、とわかりました。私は自分が親や他人にほめてほしいという気持ちが強いので、そんな気持ちをテルに少し重ねてしまったのかな、とも思いました。

ところで、テルみたいに、一人旅に興味を持ち、非現実的ですが、子供だけで生きていこうとするのは、私に言わせれば、不幸な事だと思います。一人旅自体は帰ってくる気があるのなら、私もまだ子供だから悪いとは言いませんが、一種の現実逃避だと思います。逃げることのできない現実だけれども忘れたい。そんな気持ちの表れがテルの場合は一人旅という形で出てきたんだと思います。私も現実から逃げだしたい時はあります。そんな時は、眠ります。夢を見るのは現実逃避の表れだと私は思います。全く違う世界へ行けますから。起きても寝る前よりはつらくありません。テルの場合は、最後に長い長い夢の世界へ入ってしまったんだと思います。もう起きることもないかもしれない、とも思いました。私はこの話を読んで、最後の方になると、童話にある、あの「マッチ売りの少女」を思い出しました。大人に操られる子供、逃げてしまいたい現実、というところが似ていると感じました。いくら逃げても現実は変わらない、そんなテルは不幸です。（T）

この作品を読んだ感想はおもしろくない。どういう所からそう感じたかというと、心にうったえてくる何かが足りないと思った。主人公テルは最後まで解決することが出来なかったと思う。自分で考えて、変異を逃れようとする所までは良いと思う。しかし、その後の子供達が出てくる所からは、なりゆきに歩調を合わせているようにおもえる。たしかに、そこに自分のもとめるものがあり、それをえらんだのかもしれない。だが、そこに自分と同じような人達、しかも子供達だけの集団があるからといって、それに加わることはただの妥協であるとおもう。なぜかというと、初期の目的から大きくはずれていると思うからだ。テルは自立した一人個人となり旅をしたかった。その気持ちは、同年代の子供達とさえも一緒ではいけないという強い気持ちがある。それは、パーティーの帰りの行動でわかる。そのテルが集団に加わるということは、その一人旅を断念したことになり、目的が達成されていない。つまり、テルの一人旅は失敗したのではないかと思う。しかし、このことからテルは確実に大人へ歩んでいるとおもう。自分の計画通り行かない難しさなど自覚できるかもしれないから。この作品が心にうったえてくる何かが足りないといったが、足りない部分は感動という部分だということが今までのことで言える。主人公テルが一人旅をしようとしたが、なりゆきで失敗していく作品に救いはなく、どうして感動できようか。しかし、感動がない分読者に考えさせる部分が多いという所もあると感じられる。このことは作者は意図していたかどうかはわからないが。今までのことをまとめると、この作品は感動がなくおもしろくはないが、多くのことを考えさせる作品と言えよう。でも、この作品は失敗作だろう。なぜなら、この作品を読んで誰もが同じ考えを持つとは思えない。となると、作者の言いたい主題は伝わってないのではないか。(K)

四、おわりに

この作品についての授業報告を目にする機会があった。その授業報告では、全文通読後に「感想メモ（疑問点等）」を書かせ、プリントで内容を確認しながら疑問点を解決するという方法をとっていた。疑問点を出させるというのはよく使われる方法だが、当然ながらその報告でも生徒から数多くの疑問が提出されている。その結果、あまり本質的とは言えない疑問について振り回されている印象があった。そのこともあり、今回のような文章に沿って問題点を読み取って行くという方法にこだわってみた。

生徒の感想文を見た中では、大体において主題は理解出来たように思われる。ただ、発問の内容については、さらに研究が必要であろう。やや誘導尋問的な面が見られるあたりから、そのことを感じる。本当はもっと問題にしなければならなかった部分があるのではないか、あるいはもっと的をしぼった方がよいのではないか、ということも感じている。とはいえ、一年次の最初の小説教材として、少しは印象を残すことが出来たのではないかと思う。

〈付記〉「子供のいる駅」の授業は、当初、北海道国語教育フォーラム（きさらぎ倶楽部）での発表のためにまとめたものであるが、その後、平成九年度の教育研究全道集会・全国集会のレポートにも掲載した。また「事実と創造」第一九八号・一九九号にも手直しの上で掲載していただいた。

『笑顔』（増田みず子）の授業

～感性から論理へ～

一、はじめに

平成十五年度より年次進行で新学習指導要領が適用されるが、教育課程審議会の答申の中で、国語科の「改善の基本方針」について次のような一節があった。

「特に、文学的な文章の詳細な読解に偏りがちであった指導の在り方を改め、自分の考えをもち、論理的に意見を述べる能力、目的や場面に応じて適切に表現する能力、目的に応じて的確に読み取る能力や読書に親しむ態度を育てることを重視する」

ここには「文学的な文章の詳細な読解に偏りがちであった」ことに対する批判が述べられているが、なぜこのような指摘がなされるのだろうか。

一つは読解の方法がパターン化されているところにありそうだ。全文を読み、言葉の意味を調べる。段落毎の内容把握に心情の読み取り。そして、主題・感想と続く。このような方法がどの学年でも繰り返されるが、それがどれだけ読解力の向上につながっているのかという点について疑問が多いからであろう。それには、授業が自由な鑑賞の場となって非論理的な読みが許容され、論理的思考力につながっていないという面があるのかもしれない。

そう簡単に結論を出すわけにはいかないが、どうも論理的な読解から離れたワン・パターンの授業に問題がありそうである。その結果、生徒は授業や教材に面白さを感じることが出来ず、読解力の積み上げがなされないということになるのだろう。

とはいえ、「説明や話し合いをすること、記録や報告をまとめることなどの言語活動例を示すようにする」（改善の基本方針）ことで改善されるとは思えない。「自分の考え」は漠然と生まれるものではないのだ。優れた文学作品を教材として学ぶことにより培われるのである。教材を読解する作業から論理的に意見を述べる能力も養われるであろうし、授業の目的や場面に応じて適切に自分の考えを表現することもそうである。教室で学ぶということは、他の意見や感想を聞くことでもあり、自分の意見や感想を述べることでもある。そうやって人が感じたことや考えたことに刺激を受けながら、自分の読み取る能力を育てていくのが授業であり、そういう作業を通して読書への道も開いていくのだと思われる。

もともと、我々が小説を読む時には面倒なことなど省略してしまう。要するに、面白かったかどうかが問題なのだ。感じるものがあったか、なかったかということである。授業においても、そこが出発点になるだろう。そして、自分と違った感じ方があることを知り、なぜ人はそう思うのかという疑問を持ってもらえれば、授業への取っかかりになる。次に発問の設定である。教材の核になる部分をどのように見つけどのような発問を設定し、論理的な読解を試みるのか。そこが問題だ。

今回の『笑顔』の授業は、展開の方法自体はパターン化されたものとそう変わらない。そういう意味で新しさはない。ただ、表題で示したように、授業者としては「感性から論理」をテーマとして授業を行っている。また、この小説自体が比較的新しいもので扱っている教科書も少ない。北海道の合同教研において、現代的で様々な問題提起を含んだ作品であるという指摘も受けた。紹介の意味も込め、レポートとしてまとめてみたものである。

※三年生現代文（二単位）、教科書「高等学校現代文2」（三省堂）

二、あらすじ

〈第一段落〉

　何年ぶりかで休暇をとり、一週間の旅行から帰って来た宣子は、母の家の近所に住む者だと名乗る女性からの電話で母の死を知った。母は五日前に息を引きとり、すでに焼かれて骨になっているという。宣子は母の死が実感できず、電話を切ったあと、終えたばかりの旅の風景に浸る。しかし、夜になって夜具に包まれた時、渋々母のことを思い出した。母とは言い争いばかりしてきたが、勝つのはいつも母だった。母はおそろしくタフな女で、母のことなど思い出したくもなかった。

〈第二段落〉

宣子の家族はばらばらで、こんな家族ならないほうがましだと考えていた。父と母はまともに向き合って親密そうに語らっていたことが一度もない。父は母を見ないだけでなく、宣子のこともまともに見てくれようとはしなかった。宣子が高校二年の時に父が死んだ。そして、父の死が母のせいだと思っている宣子は生涯母を許さないと決めていた。父の死後、母と張り合う気持ちから宣子は猛烈に勉強して大学に入り、卒業して勤めに出ると一人暮らしを始めた。それから十年以上が経った。

〈第三段落〉

翌日、なかなか家に帰る気持ちになれない宣子も、女性からの催促の電話によって重い腰を上げた。宣子には母がこの世から消えてしまったとは信じられないような気がしていた。

〈第四段落〉

電話をしてきた川野さんは、会ってみると宣子よりもずっと若い、かわいらしい感じのする女性だった。川野さんの話から、宣子は自分の知らない母の姿を知らされた。驚くほど大量の香典の束、そして川野さんは母を優しい人だったと語る。宣子は複雑な思いにかられ、母が幸せだったのだろうと思うにつけ、不満の思いを抱いた。母の死を現実のものとして受け取りはじめた宣子は、急な母の死にとまどい、途方に暮れる思いがしてきた。

〈第五段落〉

遺品の整理を進めていると、どこもきちんと片づけられ、母が案外小ぎれいに住んでいたことを知る。押入から、もう捨てられて何も残っていないと思っていた父の遺品や宣子の子どもの頃の思い出のものなどを見つけた時、宣子は母のひっそりとした思いに突き当たったような気がして胸を高鳴らせた。宣子の気持ちはようやく和み、母の霊前に素直な気持ちで座ることができるようになった。そして、少しずつ母と和解しようと思い始めた。

〈第六段落〉

宣子は母の寝室の天袋から、何重にも油紙にくるまれた箱を見つけだした。中には一組の雛人形が納められており、底に母の手紙が入っていた。母の手紙には宣子が生まれる前に三歳足らずで死んだ姉の陽子の名前が書かれていた。それはほとんど陽子あてといってもいい手紙だった。宣子のことは一字も書かれていなかった。母は生前陽子の名を口にしたことはなかったし、写真も一枚も残っていない。しかし、手紙の中で母は陽子以外愛さないと誓っていた。宣子は、孤独の中で初めて母を好きになりたい、本心から母を好きになりたいと思うのだった。

三、内容について

初めて読んだ作品だったが、短編小説として非常に面白い作品だと思った。第五段落の、宣子が母と和解しようというところで終われば一般的な意味でのハッピー・エンドと言えるのだろうが、作者はそうしなかった。第六段落の母の手紙によって宣子は孤独の底に叩き落とされるのである。ここに面白さがある。読者としては、孤独の中で「初めて母を好きになりたいと思う」宣子の胸中を思いやらずにはおれない。それでは、なぜ宣子は孤独の中で初めて母を好きになりたいと思ったのであろうか。そこが大きな課題になるだろう。そして、その解釈が主題につながると思われる。

この作品にはいくつかの「しかけ」がありそうだ。第一段落で、旅の風景に浸る宣子の姿が描かれているのもそうであろう。ここに現れる宣子の心象風景は伏線として押さえておかなければならない。そして、川野さんの存在である。宣子が川野さんと会う場面から物語が大きく動き出す。宣子は、他人である川野さんから宣子の知らない母親の姿を知らされ、そこから宣子の心情が揺れ動いていく。何とも皮肉な話である。第五段落では、宣子が一人で遺品の整理をしながら再び意外な母を発見し、宣子の気持ちはようやく和んで和解へと傾く。ところが、第六段落で宣子が母の寝室の天袋から箱を見つけだしたことにより、物語は急転回する。最後に母親自身が書いた手紙を登場させるところなどは、その内容もさることながら、読者の側から言えば全く見事に「しかけ」られたというしかない。

この小説は、第五段落まで宣子が他人を通して自分の知らない母に触れ、母を理解するという展開になっている。しかし、そこではまだ母の心の奥にあったものに触れていない。この時点での母への理解は表面的なものであり、感傷的なものにとどまっている。やはり、母親自身が書いた手紙が必要なのだ。その内容は、表面的で感傷的な気分での和解を吹き飛ばし、宣子を孤独の底にたたき落とすものだった。その孤独を感じた時、今まで人と向き合うことのなかった宣子が初めて心を開き、母と向き合おうとするのである。

このように見てくると、筆者はこの作品で宣子が母親と向き合う過程を表現することにより、宣子の人間としての成長を描こうとしたのだと考えられる。

四、授業の展開

〈1時間目〉

目　標～全文を通読し、作品の概要を理解する。感想を書かせ、感じたこと・疑問点を自分なりに整理する。

展　開～①全文通読（指名読み）。②用紙を配布し、初発の感想・疑問点を書かせて提出させる。

〔感　想〕※抜粋

・読み終わった感想としては、題名から受ける明るいイメージと最後の暗く重い感じとのギャップが激しい作品だと思った。……今までに教科書で読んだ作品とは違う、読み終わった後に変な後味が残った。

・宣子が最初に電話で母の死を告げられた時から雛人形を見つけるまでの心の動きが分かりやすく自然で、それだけに最後の衝撃は大きかった。

・宣子の思いが痛いほど伝わってきて、恐ろしいくらいだった。子どもを愛さない親はいないと心底信じているので、なおさら妙に気持ちが暗くなった。

・最後を読むまでは、よくありがちな「死んでから大切さを知る」系の話だと思ってつまんないと感じてたけど、期待を裏切られて面白かった。

・私なら、自分をすべて否定された感じがして、ますます母親のことが嫌になりそうなものなのに。一人で生きていくのに人を恨んで生きていくのはつらすぎるから？

・この話の面白さは、最後の陽子あての手紙で宣子が真に愛されていなかった、むしろ愛さないよう努力されていたことを知ったことにあるように思う。その時、宣子の嫌悪や諦めよりも、母に愛されたいと思う気持ちも何となくわかる気がする。

・最後まで読むと何だか腹立たしくなった。主人公である宣子は僕に対してけんかを売ってるんじゃないかと思うぐらいだ。……心の奥底に「本当は愛されている」と思うから嫌いでも良かった。でも愛されてないと分かると「好きになりたい」とは都合がよすぎる。自分勝手すぎて共感できない。

——表現の仕方は様々だが、かなりインパクトはあったようだ。「ひどい母親だ」と思いながらも、一方で「子どもを愛さない親はいないはずだ」と生徒の気持ちが揺れている。宣子に対しても、「気持ちが痛いほど分かる」反面、身勝手さを指摘する声もある。そして、やはり最後の「母を好きになりたい」という点に疑問が集中していた。

〔疑問点〕

1　桜のことやコーヒーのことを、なぜ詳しく書いているのか。

2　本当に父は母のせいで命を削られたのか。

3　父への態度、父の態度には疑問が残る。

4　母はなぜ川野さんに親切にしたのか。

5　写真の中の笑顔は偽りだったのか。
6　写真の笑顔は宣子への笑顔ではなかったのだろうか。
7　題名の笑顔が気になる。
8　結局、母は宣子を愛していなかったのか。
9　母にとって宣子はどのような存在だったのだろうか。
11　手紙はいつ書かれたのか。
12　どうして母を好きになりたいと思ったのか。
13　宣子はこのあとの人生をどのように生きるのだろう。

――生徒から出された以上の疑問点を含め、各段落において論理的読解に必要と思われる発問を設定した。以下の展開に示したQ1～Q13がそれである。

〈2時間目〉

目　標～第1段落の読解。母の死を実感できず、終えたばかりの旅の風景に浸る宣子の心情を理解するとともに、宣子の目から見た母親像をまとめる。

展　開～①前時の疑問点をプリントで配布、全体の「課題」を設定する。
②第1段落通読（指名読み）

③二つの「発問」をもとに第1段落の内容を理解する。

〔課　題〕母の手紙に陽子以外愛さないと書いてあったにもかかわらず、本心から母を愛したいと思ったのはなぜか。

〔発　問〕

Q1、「風景によって、何を表そうとしているのか？」

雪景色………（陰画）↕（陽画）

桜……（TVの画面）↕（実際の桜）

――雪景色が「陰画を思わせる不思議な光景」に見えること、仕事がら季節の風物詩には敏感なはずなのに「ここ何年も桜の花の満開を自分の眼で直接見たことがない」ことから右のように板書し、宣子が現実を見ていないことを生徒に気付かせた。何年もかけてコーヒーを自分の好みに合うよう調整するということも含めて、現実を直視せず自分の世界に浸っている宣子の姿が分かる。

Q2、「第1段落における宣子の眼から見た母親の姿は？」

・何かしら人を悪く言わなければ気のすまない人だったのだ。

・友人の下宿などを泊まり歩き、風邪をひいて帰った時に看病らしいこともしてくれない。

・言い合いをしても、勝つのはいつも母で、根負けするのは宣子の方と決まっていた。母はおそろしくタフな女だった。

——宣子にとっては「思い出したくもない」母だが、夜になって床に入った時、「闇が母の体の重みをはらんで、体の上へのしかかってくる気がした」ように、振り払おうとしても振り払うことのできない存在なのである。

〈3時間目〉

目　標～第2段落の読解。宣子の家族がどのような状態だったのかを理解するとともに、父の存在について考える。また、宣子の母親に対する思いをまとめる。

展　開～①第2段落通読（指名読み）

②二つの発問をもとに、第2段落の内容を理解する。

〔発　問〕

Q3、「家族の関係はいったいどのようなものだったのか?」

父と母……「まともに向き合って親密そうに語らっていたことも一度もなかった」

父と娘……自分のことをまともに見てくれようとしなかった「父にもがまんできなかっ

た」が、母の犠牲者であるという点において、父とつながっていると感じていた。

母と娘……母と張り合い、言い合いばかりを繰り返している。

――娘である宣子の視点から描かれているのだが、宣子は父と母のどちらとも心を通わすことが出来ないでいる。要するに、ばらばらの家族なのである。それが、「家などいらないと思っていた」という言葉につながっている。嫌い合っている家族など、ないほうがましだった」という言葉につながっている。父との関係においては、宣子が病室に行かず、近くの喫茶店で父の病室の窓を見ながら時間を過ごすところで考える。そこから、父と宣子のつながりが右記のようなものであると見当がつく。

Q4、「母親をどのように描いているか?」

・母と暮らすことで父はがまんを続け、そのために寿命をすり減らし、根負けして先に逝ってしまった。……宣子は生涯母を許さないと決めていた。

・父が亡くなり母と二人になったことによって、宣子は早く独立したいという気持ちが募っていく。

・強い者と弱い者の生命力の争いに、父は負けたと思った。宣子は母に勝ちたいと思い、少なくとも負けまいとして張り合った。

――「許さない」↓「独立したい」↓「張り合う」とあり、その結果「人をやりこめるしゃべり方が身についていて」しまう。つまり、「母のことでいい思い出など一つもない」ということである。

〈4時間目〉

目　標～第3・4段落の読解。第3段落において宣子が母の家へ行くのをためらう気持ちを考え、母親の存在の大きさを理解する。また、第4段落で川野さんを通して自分の知らない母を知ることが、宣子にどのような影響を与えるかを考える。

展　開～①第3・4段落通読（指名読み）

②三つの発問をもとに、第3・4段落の内容を理解する。

〔発　問〕

Q5、「母の家へ行くのをどうしてためらうのだろうか？」

・母がこの世から消えてしまったとは信じられず、家の中にごろんと遺骸が転がっているような錯覚。

――第1段落で「闇が……体の上へのしかかってくる気がした」と描かれていたように、

母の存在の重さから宣子は母と向き合うことをためらっている。

Q6、「母はなぜ川野さんに親切だったのか?」
・川野さんとは他人だから。
・他人である川野さんには嫌われたくなかったから。
・悪口を言わなくてもいい存在だったから。
・娘(陽子)の代わりにかわいがった。
・そばにいてくれる人がほしかったから。
——現実的に考えるなら、「心臓の発作」と書いてあることから、母は自分の病気を知り、身近にいてくれる人がほしかったという想像はできる。

Q7、「複雑な思いと何となく不満だったという宣子の心情は?」
・川野さんから「優しい人だった」という自分の知らない母を知らされたから。
・宣子は母親のことで嫌な思いをしてきたのに、母が幸せだったとしたら不公平だから不満だ。
・母はもっと心細さを味わうべきなのに、川野さんなど、人との付き合いが広かったのが不満だ。

――この段落には、自分の知らない母の姿を川野さんから知らされたことにより戸惑う宣子の心情が描かれている。「他人」から知らされることが、小説の展開上大きな意味を持っている。

〈5時間目〉

目　標～第5段落の読解。母親に対して次第に心を開いていく宣子の心理を読み取る。

展　開～①第5段落通読（指名読み）

②三つの発問をもとに、第5段落の内容を理解する。

〔発　問〕

Q8、「川野さんにのぞかれるのがイヤなのはなぜか？」

・他人の川野さんには見られたくなかったから。

・母にかわいがれていた川野さんに見られるのはシャクだから。

――「にらんでいるように見えた」「宣子に冷たい横顔を見せて」「私をそんな薄情な娘だと思いこんでいる眼」「宣子を見据えるようなきつい眼」という描写がある。そのような視線を避けようという意識であろう。それは、一種の負い目を感じているとも考えられる。

Q9、「次第にためらいを感じるようになっていったのはなぜか?」

・かつて父を粗略に扱っていたように、母は物に対する扱いが乱暴で、壊しても平気な顔で新しいものに買い換えると思っていたのが、どこもきちんと片付けられ、案外こぎれいに住んでいたから。

――第4段落に続き、別人の母に気付く場面である。

Q10、「心地好さとはどのようなものか?」

・別人の母の姿を想像し、また父の遺品や宣子の思い出のものが残されていたこと、そしてアルバムに母の笑顔を見つけることによって、やはり親子であり母の宣子に対する愛情を感じた心地好さ。

――これが、宣子の気持ちをなごませ、「私も許すから、母さんも許してね」という言葉を引き出している。

〈6時間目〉

目　標~第6段落の読解。母の手紙を読む前後の、宣子の心理の変化を読み取り、全体の課題について考える。

展　開〜①第６段落通読（指名読み）
②三つの発問をもとに、課題について考える。

〔発　問〕

Ｑ11、「手紙に書かれていた内容は？」
・もうとうに忘れた名前
・姉の陽子の初節句に買った
・女雛の顔が陽子に生き写し
・陽子以外愛さないと誓う
——手紙の内容が分断されて描かれている。読むにしたがって、「うそ寒さ」を感じ、「母の笑顔を……懸命に思い出そう」とする宣子の心の動きが伝わってくるようだ。

Ｑ12、「手紙は誰に対して書いたものか？」
・母親が自分自身に対して書いた。
——木の箱の底にあったことから、人に読まれることは考えていなかったと思われる。また、「誓う」という言い方からも母親が自分自身に言い聞かせるように書いたことが想像できる。

Q13、「いつ書かれたのだろうか?」
・母親が自分の病気を知った時
・陽子が死んでから
・宣子が生まれた時
——陽子の写真も残されず、両親ともに陽子の名前を口に出したことがないことから想像すると、陽子が亡くなった直後に手紙を書き、陽子への思いを表面上消し去ろうとしたと考えられる。

〔課題〕
「母を本心から好きになりたいと思ったのはどうしてか?」
1 母の手紙を読んで、宣子は自分が一人ぼっちになったと感じたから。
2 気持ちのよりどころを失い、心の支えがほしいと思ったから。
3 母が、娘の死という心の傷を抱えていたことを知ったから。
4 手紙によって母の本当の姿を理解したから。
5 母の愛はもう手に入らない。だから、なおさら手に入れたいと思ったから。
6 「私は母が好きだ」という虚構をつくり上げ、つらい現実から逃避しようと思った。

——表現の仕方は様々であるが、だいたい以上のような意見が出てきた。大きく分類すれば、1・2のように強烈な「孤独感」から出た言葉であるという解釈と、3・4のように「母の苦しみ」を知ったことによって母をいとおしく思うことから出た言葉という解釈が多いようである。現代文を受け持っているもう一クラスでは、これを書かせたのだが、一部紹介する。

・やはり自分は一人ぼっちなのだという事実を実感し、さみしさと心細さから母の愛を求めた言葉。
・自分は孤独な存在であると思い、母を好きになることで不安から逃れようと思った。
・一人になってしまって、宣子は虚勢を張ることもなく、ただ素直に母を好きになりたいと思った。
・お互いに深く理解しようとしなかったことに対する悔やみから。
・母のつらさがわかり……母を好きになることで、つらい思い出も薄らいでいくと思った。
・本当の母にふれ……それでも母を受けとめなければならないことに気付いた。
・陽子がうらやましく、自分も母と愛し合いたかった。好きになればその思いが届くような気がした。
・自分だけでも母を好きでないと、宣子自身の存在が無意味なものになってしまうような気がした。
・母は死んでしまったが、宣子が母を好きになれば、母も宣子のことを好きになってくれる気がしたから。本当は、宣子はいつも母に愛されたいと思っていたから。
——本文の、「宣子は一人だった。母を好きになりたかった」という文脈から考えれば、孤独を感じたことによって口をついて出た言葉だということはわかる。和解に傾いていた宣子を拒絶するかのような母の手紙である。孤独の底に叩き落とされたとも言えるだろう。しかし、第1段落からの展開を振り返るなら、人と向き合うことのできなかった宣子が手紙によって初めて母と向き合い、そのことによって発せられた言葉だと解釈した方が読みとしては深まるだろうと考えられる。

〈7時間目〉

目　標〜「母を本心から好きになりたいと思ったのはどうしてか」の答えを踏まえ、作品の主題を考える。

展　開〜①用紙を配布し、主題文を書かせて提出させる。

〔主　題〕※抜粋

1　孤独となった人のあり方、つまり他者との関係を切望する姿。

2　やはり「人は誰かを愛し、そして誰かに愛される。人は一人じゃ生きて行けない」っていうようなことだと思う。……手紙を読んだ後、すぐに「母を好きになりたい」と思うのは、ずっと前から「愛されたい」と思っていたからではないだろうか。

3　人間の「孤独」ということを言いたかったのだろう。

4　人間の奥深さを表現していると思う。日常、いつも一緒にいる人ほど本当のその人の姿というのは見えにくいのかもしれない。

5　親子間の愛情についてだと思う。……私は、宣子の母は陽子に対してと同様に、宣子に対しても愛情を抱いていたと思う。ただ接し方が違うだけ。宣子の母は、陽子の時のように急に宣子がいなくなってしまうことを恐れて素直にかわいがれなかったのではないか、と思う。

6　母と娘の不器用な愛を伝えたかったのかもしれない。……二人とも不器用な生き方をしている。もう少し気持ちを伝え合っていたら、宣子は後悔することもなかったと思う。

7　これも親子関係の一つのカタチということかもしれない。……好きになるべき対象がもうこの世にはいない。彼女は自分のつくり上げた世界でしか、もう母を好きになることはできない。こう見ると、やはり虚構に逃避するという見方もできるかもしれない。

8　母子の愛について伝えたかったのではないだろうか。すでに、死んでしまった母を愛することで宣子は母との和解を求めたかったのだろうと思う。……なんとなく暗い話のように最初は思ったが、結末にはぼんやりと光り輝くものがあるような気がした。
9　親子と他人の境界を描こうとしたのだろう。……宣子は川野さんのようには扱われなかったし、陽子のようにはかわいがられなかった。母の遺品の数々を見て、「宣子の存在とはいったい何なのか」という投げかけが感じられた。
10　母の「笑顔の重さ」が主題か。宣子を追いつめたのは手紙であり雛人形だが、精神的には宣子を素通りしていった母の笑顔だろう。それがなによりも宣子の孤独を深めたのだ。

五、おわりに

生徒から出された主題を読むと、この作品から「人間の孤独」や「家族」、そして「家族愛」、「家族の中の自分」といった人間の生き方に関わる問題を読み取ったように思われる。

このレポートは高教組札幌支部教研でも発表を行った。そこでは、講師として室蘭から笠原肇氏に来ていただいたのだが、笠原氏から「宣子は一人だった。母を好きになりたかった……」という部分を実感できるようにすることだと指摘された。つまり、授業者との問答を通して想像力を注入し、小説を立体化させることによって「ああそうだ」という感覚を生徒に持たせるということである。小説は理屈よりも感性であり、感じとることから始まるのだという指摘であった。

例えば、母の手紙を本文から想像させ、実際に書かせてみるという方法もある。また、「本心から母を好きになりたいと思ったのはそれが初めてだった」という部分で、宣子はここで初めて何に気付いたのかと問いかけてみることもできる。

論理性だけでは授業が豊かなものにならない。しかし、論理的な読解でなければ「自由な鑑賞」になってしまう。場面をイメージ豊かに読み取る作業と同時に、論理的な読解の方向性を持つということであろうか。授業をする者にとっては、ここが大きな課題になりそうである。

今年度、三年生の現代文は評論中心の授業を行っている。教科書の評論教材と、ベネッセの記述問題集（評論）である。小説教材は、この「笑顔」だけであった。十分に時間をとるということもできない。そこで問題を絞り発問を精選して授業を行ったのだが、どうも直線的な授業だったという感じがする。もう少し母親に視点を向けることが必要だったのではないか、という気がしている。そうすれば、生徒の読み取りも違ってきたのではないかと思われる。

この小説の授業が終わってしばらく時間が経った時、生徒の会話が耳に入った。

「今度の試験範囲、『笑顔』も入るんだ」

「あの小説、何だか分かんなかったね」

「そうかな。私は良く分かったわ」

――「小説の授業は難しいものだ」と、実感している。

〈付記〉「笑顔の授業~感性から理論へ~」は、平成十年度教育研究全国集会へのレポートとしてまとめたものである。また、「事実と創造」第二三七号にも手直しした上で掲載していただいた。なお、「事実と創造」第二三七号へ掲載したものに対して、宮城県の伊藤文隆氏より「『笑顔』増田みず子読解はおしゃべり」というご意見をいただいた。その小論は「事実と創造」第二四二号に掲載されていることを付け加えておく。

III

古典の授業

「古典の授業」

～古典に対する興味・関心を高める授業を目指して～

一、室蘭清水丘高校での実践

（1）伊勢物語「筒井筒」の授業

〈はじめに〉

平成五年度、一年生の担当となり古文（二単位）八クラスを受け持つことになった。一学期は「古文に慣れること」を重点目標とし、音読して本文をノートに書き写し、通釈することを繰り返した。通釈も、細かい文法事項にはそれほどこだわらなかった。

扱った教材は次の通りである。

「春はあけぼの」「五月の山里」（枕草子）

「児とかいもちひ」（宇治拾遺物語）

「かぐや姫の生ひ立ち」「かぐや姫の嘆き」（竹取物語）

比較的平易な作品であり、内容の読み取りにそれほど苦労はない。分からない言葉は、その都度辞書を引かせて確認した。文法事項で学習したのは、単語に区切ること、品詞名、係り結びくらいである。一学期の授業は、主に作業中心の学習であったと言える。

今回の「筒井筒」の授業は、一学期の授業を踏まえて次の段階に移った授業である。

〈教材　伊勢物語「筒井筒」（第二十三段）〉

昔、田舎わたらひしける人の子ども、井のもとにいでて遊びけるを、大人になりにければ、男も女も恥ぢ交はしてありけれど、男はこの女をこそ得めと思ふ。女はこの男をと思ひつつ、親のあはすれども、聞かでなむありける。さて、この隣の男のもとよりかくなむ、

筒井筒井筒にかけしまろがたけ過ぎにけらしな妹見ざる間に

女、返し、

くらべこし振り分け髪も肩過ぎぬ君ならずしてたれか上ぐべき

など言ひ言ひて、つひに本意のごとくあひにけり。

さて、年ごろ経るほどに、女、親なく、頼りなくなるままに、もろともにいふかひなくてあらむやはとて、河内国高安郡に行き通ふ所いできにけり。さりけれど、このもとの女、あしと思へる気色もなくていだしやりければ、男、異心ありてかかるにや

あらむと思ひ疑ひて、前栽の中に隠れゐて、河内へいぬる顔にて見れば、この女、いとよう仮粧じて、うちながめて、

風吹けば沖つ白波たつた山夜半にや君が一人越ゆらむ

と詠みけるを聞きて、限りなくかなしと思ひて、河内へも行かずなりにけり。

（明治書院　基本国語Ⅰ最新版）

〈授業のねらい〉

夏休みのブランクはあるものの、二学期の最初に扱った教材「あづま下り」では一学期と同様の方法で授業を進め、古文に対する「慣れ」はかなり進んだように思われる。そこで、「筒井筒」では考えたり、発表したりする場を多く設けるよう心がけた。伊勢物語は、簡潔な文体であるが物語性も豊かであり、それだけに読み手にとっては想像力がかきたてられる。

今回の授業では、前半の段落で「贈答歌」の意味するところを読み取り、後半の段落では「風吹けば……」の歌の意味するところを読み取ることに重点を置いた。伊勢物語のような「歌物語」の中では、登場人物の感情の表現やクライマックスの場面で歌が詠まれる。当然、歌の解釈が内容の読み取りにとって重要な位置を占める。しかも、その解釈を表面上のものだけに留まらせず、その奥にこめられた心情を追求することが出来れば、歌物語

の読み取りとしては（一年生の段階としては）充分と言えるであろう。

〈一時間目の授業（記録の対象クラスは一年四組）〉

①各読。（各自が自由に声を出して読む。五分ほど続けさせる。これは他のクラスでは難しい。四組は漢文も受け持っているため、読みの練習に時間をかけることが多く、声が続く。）

②漢字の読みの確認。読めない漢字を挙げさせる。「交わす」「得」「上ぐ」などが挙がる。（「妹」「本意」「異心」「前栽」なども読みとしては気を付けたい語だが、教科書にはルビが付いている。）

③指名読み。まずは一人二～三行ずつ読ませる。ここでは、単語の区切りに注意する。一度読み終えたところで、今度は段落を通して読ませる。（内容を考えながら聞くように指示を出しておく。）

④登場人物を確認する。「男と女」と声があがる。そこから、初めはどのように登場したかを問い、「子どもから大人になる」と確認。

⑤本文をノートに書き写させる。（これは、本来なら家庭学習の領域であろうが、読みによる慣れとともに書くことによる慣れを徹底させるため、敢えて授業時に行う。）

〈二時間目の授業〉

第一段落を「指名読み」（三名）させたのち、さらに指名により部分的に現代語訳を行っていく。

教師「じゃ、次の部分を読んでごらん」
生徒「井のもとにいでて遊びけるを」
教師「はい、そこまで。訳してください」
生徒「……」
——考えている。何とか文章として答えようとするので、なかなか訳が出てこない。
教師「井というのは」
生徒「井戸」
教師「そう。じゃ、井戸のもとといったら」
生徒「井戸のそば」
教師「いいね。それじゃ、そのあとも続けると……」
生徒「井戸のそばで遊んだ」
——ここまでは、そう難しくはない。しかし、「〜けるを」の部分がつながらないのである。ここは、教師がつなげてしまう。

教師「うん、それでいいね。だけど、まだ文は続いているから、井戸のそばで遊んでいたのを、としよう」

このようなテンポで訳が進む。一学期の復習として、「こそ」「なむ」の係り結びを確認する。この働きが強調であることを確認すれば、訳自体は文脈からも比較的容易に察することが出来る。

歌の訳に入る。教科書に脚注があり、それをつなげれば訳は出来上がる。但し、「過ぎにけらしな」は何を過ぎたのか確認し、さらに木枠に囲まれた井戸の図を描いてイメージを作る。また、「上ぐ」については「かぐや姫」で出てきた「髪上げ」の注を確認させた。脚注がなく、問題として取り上げたのは「たれか上ぐべき」の部分だけである。ここも「か」の係り結びを確認し、働きが疑問であることに気付けば訳は出来る。

それぞれの歌を次のように訳した。

「筒井筒……」

〔井戸の囲いの木の枠で測り比べた私の背丈も（枠を）越してしまったようです。あなたに会わないでいる間に。〕

「くらべこし……」

〔比べ合って来た（私の）振り分け髪も肩を越してしまいました。あなたでなくて誰のために髪上げをしましょうか。」

歌の訳が出来たところで、この歌が「贈答歌」であることを説明し、それぞれ相手にどのようなことを伝えようとしたものか、説明させる。

教師「さて、筒井筒の歌はどのようなことを伝えようとしたの」

生徒「結婚しようということ」

——文脈から言えば答えは明確なのだ。

教師「それでは説明にならないね。もう少し順序立てて説明してごらん」

生徒「……」

教師「じゃ、まず書いてある事実は何だったの。簡単に言ってしまうと……」

生徒「背が伸びたこと」

教師「そうだね。そして、背が伸びたことが何を表しているわけ」

生徒「大人になった……」

教師「そう。で、大人になったということは、つまり……」

生徒「結婚出来る」

教師「そうだ。今のことをまとめればいいわけだね」

〈三時間目の授業〉

古文では主語の省略が多く見られる。現代語訳をする場合、そこに気を付けなければならない。特に、この文章の後半。「風吹けば」の歌に至るまでの部分である。

例えば、「女、親なく、頼りなくなるままに、（男は）もろともにいふかひなくてあらむやは、」「男、（女に）異心ありてかかるにやあらむと」「と詠みけるを聞きて、（男は）限りなくかなしと思ひて」などである。これらの（　）の部分は訳の中で、常に確認しながら進めた。また、「さりけれど」の「さ」、「かかる」の「か（く）」が何を指すのかも確認の必要がある。この点に注意しながら訳を進め、さらに歌の解釈のために、話のあらましを次のように整理した。

女　親が亡くなる。（頼るものがなくなる）→貧乏
↓
「あしと思へる気色もなくていだしやりけれ」
↓
男　行き通う所ができた。（新しい女の存在）→疑惑

歌の現代語訳は難しい。特に、「風吹けば」の歌のように掛詞がある場合は直訳では意

味が通じない。第三句までは授業者が訳した。第四、五句については、係助詞「や」の存在に気付かせ、疑問で訳を作る。次のような現代語訳になった。

「風吹けば……」

〔風が吹くと沖に立つ白波の「たつ」ではないが、たつた山をこの夜中にあなたが一人で越えて行くのだろうか。〕

ここで、「風吹けば……」の歌が、女のどのような気持ちを歌ったものかを問う。

教師「どんな気持ちを歌ったの」
生徒「……」
教師「気持ちだから、例えば、嬉しいとか、悲しいとかね」
生徒「寂しい」
教師「何が」
生徒「（新しい）女の人のところに行ってしまうことが」
教師「そう。じゃ、あなたは」
生徒「悲しい」
教師「どうして」
生徒「同じ理由で」

教師「前の人とね」

やはり、寂しい、悲しいという答えが多い。中には「本当は行ってほしくないという気持ち」という答えもある。訳から言えばやや飛躍がある。そして、どのクラスでも次のように答える生徒がいる。

教師「あなたは」
生徒「心配してる」
教師「どうして」
生徒「夜中だし、一人だから……」

この答えが出たところで、寂しい、悲しいを一つにし、心配してるという答えと対立させて、A説、B説とする。その上で、さらに問いかけていくと、クラスによって違いはあるが、ほぼ同数というところ。しかし、この部分だけで判断するのは難しい。

ここでひとまず、最後の部分を現代語訳させる。生徒は、「かなし」を「悲しい」と訳してしまう。この言葉から、女の気持ちを「悲しい」と判断してしまうようだ。果たして「かなし」の訳は悲しいだけなのか。その場で、辞書を引かせる。辞書には「愛し」

と漢字を当てて、「いとおしい」という意味がある。女が歌の中で悲しいと言っているから、男もそれを聞いて悲しいと思ったのか。不自然である。「かなし」は「いとおしい」という意味であることの見当がつく。（あるクラスでは、ここで「かなし」の漢字を「悲」「哀」「愛」と三つ挙げて生徒に考えさせたが、このように問いかけると圧倒的に「愛」と答える。）

さて、先ほどの答えはどうなるのか。ここで論議したいところだが、そろそろ時間が気になるし、「いとよう仮粧じて」の部分は説明が必要となる。解説でまとめた。

教師　「この女は夫が他の女のところへ行くのに、嫌な顔もしないで送り出している。また、なぜ夫がいないのに化粧をするのか。これは女性としての身だしなみであろう。夫がいなくとも、きちんと身づくろいをして夫の帰りを待っている。そういう女である。その点を考え合わせると、女は歌の中で悲しがっているというよりは、心配してると解釈する方が良いのではないか。」

〈まとめ〉

作業中心の授業から考えさせる授業への転換を図ったものだが、充分なものにはなっていない。贈答歌の説明はあくまで説明であり追求にはなっていないし、「風吹けば」の歌に込められた気持ちにしても追求が甘いからだ。「悲しい」のか「心配している」のか。「風吹けば」の歌に至る前の段階で人物に対するイメージをつくり、そこから歌につなげるべきであろう。教材解釈が深まっていないので、何を問い、何を追求するかが明確にならなかったとも言える。

(2)「古文の授業」分析(笠原　肇)

(1)

①一時間目の授業で「各読」がなされている。現状で「各読」は非常に難しい技術になっている。この点は評価されるべきだろう。

②漢字の確認もよい。読めない字を「抜いて」読ませ、あとは類推させるという方法も導入すれば面白い。

③指名読みが、ほとんど「一文読み」に近い。これも古文学習にとって必須の条件である。

④登場人物の確認これも必須である。次の段階でキャラクターの指摘をさせる。どういう人物か。どう思うか、という切り込みである。

(2)

①二時間目の授業で、教師はどんどん教えていく。これも必要である。

教師「井というのは」
生徒「井戸」
教師「そう。じゃ、井戸のもとと言ったら」
というテンポは良い。余計なところで時間をとる必要はない。
②歌の解釈だが、ここに示されたのは指導書的な模範的解釈である。ここに一つ「方法論」があろう。「ことば」の指導は全部済ませておいて紙を配り、それぞれの訳を書かせて提出させるのである。これは一種の「組織学習」になるだろう。解釈の多様性を引き出し、同じものをまとめてAとし、その他をB、Cとブロックに組むと、歌に対する理解度や感じ方の違いが鮮明に出てくる。それ等を「一斉授業」で確認するという展開ができれば「古文」に対する考え方も大きく変化するだろう。
③後半の問答は、ほとんど意味がない。

（3）

①三時間目の授業で特徴的なのは、選択肢発問をしている部分である。
教師「気持ちだから、例えば嬉しいとか、悲しいとかね」……選択肢発問
生徒「寂しい」
教師「何が」……「押し返し」である。

②ここで問題点を一つ指摘すれば、「例えば」がいらないのである。なぜなら、「例えばどうか」ではなく、この人物は「嬉しいのか、悲しいのか」という心情に迫る必要があるからである。選択肢発問には、そういう意味も含まれている。

③A説、B説の技術を使っている。ここも「形」は出来たが、実質的な深まりはなかった。しかし方法論としては一つの方向性が確認出来ているように思う。

④説明、解説で終わることは一向にかまわない。最後に朗読で定着をはかりたい。これは大切な「納め」方だと私は思っている。

（4）

①「古文」は定石というものがある。しかし、その定石をその通りにやっていたのでは「創造」はない。答案用の授業になってしまう。この教材では贈答歌の解釈をさまざまに出させてみることと、もう一つは四百字感想文を書かせて見る、という方法などが考えられよう。

②古文では「ことば」の壁を破ることを最重点に考えられがちだ。実態から言っても、ある程度仕方がないところもある。しかし、そこに安住していては「授業の創造」は考えられない。「一教材一冒険」を提唱しておきたい。一つの教材で一か所だけ、冒険をする。「知的冒険のすすめ」である。それは点数化されたり、表面に出ない学力かも知れ

ない。しかし、それをあえて積み重ねていけば、必ず一つの「事実」が出てくるに違いないし、その記録の集積は、「学力とは何か」を考える上で大きな示唆を与えるものになるはずである。

(3)「和歌」の授業

〈はじめに〉

平成五年度、一年生の担任となった。笠原肇氏が学年主任である。国語Ⅰの授業は、現代文(二単位)、古文(二単位)、漢文(一単位)と分けて実施することになった。現代文は笠原氏、そして古文が私である。

この学年の目標は、「耕す→深める→超える」と定めた。

私の勤務する室蘭清水丘高校は、いわゆる進学校と呼ばれる学校である。現実的には大学入試の厚い壁を無視することは出来ない。しかし、そのために授業が単に知識を与え、暗記を強いるものとなっては本来の授業の意味を失ってしまう。やはり、授業の中で「耕し」「深める」ことを日常的に実践していかなければならない。古文の授業においても、そのことを常に心掛けるようにした。

一学期は作業学習が中心であった。一年生にとっては古文に慣れることが必要と考えたからである。読み(各読、一文読み、部分読み、全文朗読)に時間をかけた。そして、本文を授業の中でノートに書き写させる。これは家庭学習で済ませるべきかもしれないが、敢えて授業時に行った。訳は生徒を指名して進める。中には参考書等を教室に持ち込んで答えようとする生徒もいるが、そのようなものは授業時に使わせない。訳を書き写して来るような安易な予習も認めなかった。自分で、授業の中で考えさせるためだ。もちろん分からない言葉はたくさんある。説明することもあるが、なるべく文脈から類推させるようにした。あまり細かい訳は要求せず、まずはどんどん読み進めていこうと考えた。

一学期に扱った教材は次の通りである。

「春はあけぼの」「五月の山里」(枕草子)

「児とかいもちひ」(宇治拾遺物語)

「かぐや姫の生ひ立ち」「かぐや姫の嘆き」(竹取物語)

文法事項として学習したのは、「係り結び」と品詞分解程度である。二学期の最初に扱ったのは「あづま下り」(伊勢物語)で、これも一学期と同様に行ったが、古文に対する慣れはかなり進んだものと思われた。そこで、作業とともにもう少し深く内容を読み取ることを考え、同時に文法事項も動詞の活用や助動詞の意味に触れ始めた。その最初の教材は「筒井筒」(伊勢物語)である。そして、「和歌」へ進んだ。

〈「思ひつつ」の歌〉

単元は「和歌の流れ」というもので、万葉集の歌十首、古今集の歌七首、新古今集の歌七首である。ここでは、その中から二首の歌について実践報告することとする。次の歌である。

〈古今集〉　小野小町
思ひつつ寝ればや人の見えつらむ夢と知りせば覚めざらましを
〈新古今集〉　後鳥羽上皇
ほのぼのと春こそ空に来にけらし天の香具山霞たなびく

「思ひつつ」の歌については、次のように考えた。
一学期に伊勢物語の「あづま下り」を読んだが、その中で旅の一行が駿河の国に着いた時、偶然知り合いの僧と会い、京に向かう僧に対して次の歌を託す。

駿河なる宇津の山べのうつつにも夢にも人に逢はぬなりけり

「現実でも夢でさえもあの人に会えない」という恨みを述べているのだが、夢の中でさえ会えないことの嘆きは大きい。「もうあの人は私のことを思ってはくれないのか」という嘆きである。当時の人々は夢に対して神秘的な思いを抱いていたとされるが、それは「思ひつつ」の歌でもうかがえる。通釈とともに、「夢の中でやっと会えた」という切ない気持ちを受け取ることが出来ればと思った。

各読の後、数名に指名して朗読させた。

「寝れ（ぬれ）」についてはふり仮名が付いているので他に読めない字はないし、特に意味が分からないような語句は見当たらない。また、下二句の訳は脚注にあるので、上三句の訳を考えさせる。問題は助詞と係り結びだ。係り結びについては、ほとんどの生徒が答えられる。一学期に繰り返し学習してきたからだが、それは係り結びに気付けば、その文が強調なのか疑問・反語なのかが分かり、訳の大きな手がかりとなるからだ。「らむ」についても、何度も登場した語であり、推量の助動詞であることは理解出来る。

T　じゃあ訳してもらおうか。

――一人の生徒が手を挙げる。

T　はい。どうぞ。

S　思いながら寝れば好きな人に会えただろう。

――板書する。

T　なるほど。この訳でいいだろうか。

S　思いながら寝たから好きな人に会えたと解釈するのが自然じゃないでしょうか。

T　そうだね。じゃ、どうしてそうなるのか。文法的に確認してみましょう。

ここで接続助詞「ば」についての働きを確認する。まず、品詞分解を試みる。「や」が係助詞であることが分かっているので「寝れ／ば／や」と答えられる。「寝れ」という動詞の活用形を尋ねる。動詞の活用については学習したが、定着率は今一つである。授業の中でその都度確認しなければ忘れてしまう。そこで、次のような確認を行う。

○ーず　（未然形）
○ーて　（連用形）
○ー。　（終止形）
○ーとき　（連体形）
○ーども　（已然形）
○ー。　（命令形）

この○の部分を埋めさせるのである。活用表を横にしてしまう方法は受け売りだが、なかなか便利である。ここで、「寝れ」が已然形であることを確認し、次のように板書する。

未然形＋接続助詞「ば」（仮定）　もし〜なら
已然形＋接続助詞「ば」（確定）　〜ので、〜から

この確認で、訳が「寝たので」「寝たから」となることが文法の上からも理解できる。
また、下二句の「知りせば」についても、ここで説明した。

通釈が終了し、前述の「駿河なる」の歌と小野小町の他の歌を紹介する。

駿河なる宇津の山べのうつつにも夢にも人に会はぬなりけり
いとせめて恋しき時はむばたまの夜の衣を返してぞ着る

注入としてこの二首を紹介し、「夢」についての話をしたのだが、授業を見ていただいた笠原氏から「注入としてこの歌が適切であったかどうか」という意見が出された。この点については、後で述べることにする。

〈「ほのぼのと」の歌〉

「ほのぼのと」の歌については、内容の読解はそれほど難しくない。ただ、この歌は

「本歌取り」の歌であり、万葉集の「本歌」（柿本人麻呂）を読むことによって、その比較から新古今集の特徴につなげられればと考えた。
T　それでは声を出して読んでみてください。
――生徒が読み始める。各読の要求なのだが、クラスによってはなかなか声が続かない。
T　じゃあ、読んでみて。
S　ほのぼのと春こそ空に……。
T　思ったように読んでごらん。
――生徒数人を指名したが、「きにけらし」「こにけらし」「くにけらし」という読みが
出てくる。
T　じゃあ、まず「来」の読みを確認しましょう。

ここで、「来にけらし」の部分を品詞分解させる。「けらし」は教科書の脚注で「ける
らし」の略とある。まだ助動詞については詳しい学習をしていないので、「に／ける／ら
し」が全て助動詞であることを説明する。但し、どのような意味の助動詞であるかは助動
詞の一覧表を使って調べさせる。「ける」「らし」については表の中に一箇所しかないので
容易に探し出し、それぞれ過去、推量の助動詞であることが分かる。問題は「に」だ。

一覧表の中では断定の助動詞「なり」の連用形、完了の助動詞「ぬ」の連用形にある。そのどちらなのかを生徒に考えさせる。決め手は助動詞の接続だ。一覧表で確認する。断定の助動詞であれば連体形、体言に接続する。「来」は連体形であるなら「来る」になるから違うことが分かる。これで、この場合の「に」は完了の助動詞であることが文法的に証明出来た。

手間のかかることだが、常にこのような方法で確認を行う。一覧表の丸暗記を強いるよりも、実際の訳の場面で調べた方が「なぜ文法の知識が必要か」ということも理解できると思われる。私自身、高校時代に入学早々文法の暗記を強いられ、すっかり古文嫌いになった記憶がある。

次に係り結びを見つけ上三句が強調文であることを確認して、訳に入る。

T　それでは訳してみてください。

S　ほのぼのと春の空に来たらしい。天の香具山に霞がたなびいている。

——通釈を板書する。

T　これで良いですか。

S　春の……はおかしい。春が、だと思う。

これはよくある間違いだ。文章全体をよく読んでみれば理解できることなのだが、通釈の場合に助詞の使い方で悩むのだ。何度も訳を繰り返す中で体得させたい。

教科書の脚注に、この歌の「本歌」(柿本人麻呂)が紹介されている。その歌を板書する。

ひさかたの天の香具山この夕べ霞たなびく春立つらしも

「ひさかたの」が枕詞であることは、こちらから説明した。そうすると通釈は難しいことではない。

T　はい、じゃあ訳してください。

S　天の香具山に今日の夕方霞がたなびいている。春になったらしい。

——板書する。直訳としての間違いはない。そこで、二首の比較を行う。

T　二首を比較して気付いたことを挙げてごらん。

S　同じ内容だけれども語順が違う。

——その他、枕詞の有無や係り結びを指摘する答えが出てくる。何人か聞いているうちに、次のような指摘がどのクラスでも出てくる。

S　ほのぼのという言葉を使っている。

T　それは何が違うということ。

S　何か……、雰囲気を表している。

T　じゃあ、もう一度両方の歌を見てみよう。そうだね、本歌の方には雰囲気を表すような言葉は使われていないね。

霞………………………春が来た

霞……（ほのぼのと）……春が来た

T　同じ情景で同じことを歌っているんだけれども、表現の仕方がほのぼのという言葉を使うことによって違っているわけだね。さて、同じ内容というけれども、それでは作者はどのようなことを表現しようと思ったの。

S　……。

T　書かれていることは、「春が来たらしい」ということだけど、それを作者はどう思っているの。

S　うれしい……。

T　そうだね。春が来たことを喜んでいるんだね。

T　本歌は万葉集の歌で、霞を見たことから直接的に春が来た喜びを歌っている。それに対して新古今集の歌は気分として春が来た喜びを歌っている。これが、それぞれの歌集の特徴ともつながってくるわけだ。

〈おわりに〉

「注入」とは「教材に関する様々な知識や素材を適宜持ち込むこと」（笠原）であり、古文にとっては作品の理解を深める上で必要不可欠なものであろう。その点で、「思ひつつ」の歌で挙げた二首では不充分である。小野小町ほどの歌人であれば、素材はたくさんあるはずだ。また、「ほのぼのと」の歌では理屈に走ってしまっている感がある。本歌との比較という点では音読から入るべきであったろう。

どちらにも反省点はあるし、「耕す」「深める」という学年目標から言えば、まだまだ充分なものではない。しかし、今後に向けての方向性はつかめてきたという思いがある。現代文と違い、古文は通釈を必要とする言葉の壁はあるが、そこで様々な解釈を出せるような授業を行い、古文を大学受験のものだけで終わらせない努力を続けたい。

〈付記〉この授業は学年の「授業研究」として行った公開授業の記録であり、「事実と創造」一五四号（一莖書房）に掲載されたものである。

（4）『源氏物語』の授業

平成六年度二学期の期末考査終了後から、二年生の国語Ⅱ（古文・二単位）は『源氏物語』に入った。教科書は明治書院の「基本国語Ⅱ最新版」。教材は「若紫」（第五帖）の冒頭部分である。

教科書で『源氏物語』が登場するのは初めてであるが、なぜ「若紫」なのか。指導書では「源氏物語の構想上に重要な意味を持つ場面である」こと、「場面として独立した魅力の感じられる内容・描写がある」こと、「文章が比較的平易である」ことが述べられている。授業者としては、構想上の重要な意味を紫の上の登場と解し、その上で背景の説明を行うことにした。

一時間目は「桐壷」の冒頭部分をプリントして授業に臨む。冒頭部分を読んだ後で、人物関係を説明する。

「主人公の源氏は、帝と帝の最愛の人である桐壷の更衣の間に生まれた。しかし、源氏は母の顔を知らない。更衣は源氏を生んでまもなく、亡くなったのである。源氏は父帝の庇護を受けて成長した」

紫の上の登場という点で言えば当然藤壷についても説明しなければならないが、それは紫の上が登場する前に行うことにした。「若紫」が源氏十八歳の場面であることを述べ、早速本文の読みに入る。

わらは病みにわづらひ給ひて、よろづにまじなひ、加持など参らせ給へど、しるしなくて、あまたたびおこり給ひければ、ある人、「北山になむ、なにがし寺といふ所に、かしこき行ひ人侍る。去年の夏も世におこりて、人々まじなひわづらひしをやがてとどむるたぐひ、あまた侍りき。ししこらかしつるときは、うたて侍るを、とくこそ試みさせ給はめ」など聞こゆれば、召しに遣はしたるに、（行ひ人）「老いかがまりて、室の外にもまかでず」と申したれば、（光源氏）「いかがはせむ。いと忍びてものせむ」とのたまひて、御供にむつましき四、五人ばかりして、まだ暁におはす。

最初の読みは一人二〜三行程度とし、多くの生徒に読ませる。内容の理解より、漢字の読みの確認や文の中の句切りを確認することが目的だからだ。また、なるべく多くの生徒に声を出させるということや、生徒の読みに対する集中力が高まるということもある。

二回目の読みの前に「登場人物を読み取り、どのような場面か考えること」を指示し、形式段落ごとに読ませる。これは、特に物語教材を扱う時に要求していることだが、具体的には会話文の話し手を確認する（この教科書では、会話の前に話し手が明示されている）ことであり、またどのようなやりとりかを考えるということでもあり、さらに「何時・どこで」ということも含めて考えさせることである。

教師「登場人物は?」
生徒「ある人。行ひ人。光源氏。御供の人」
教師「うん。ところで、最初に『わらは病みにわずらひ給ひて』とあるけれども、主語が省略されているね。誰が?」
生徒「……」
教師「『わずらひ給ひ……加持など参らせ給へ……おこり給ひ』の主語は同じだと考えていいと思うね。しかも、『給ふ』という尊敬語をつかっているよ」
生徒「光源氏?」
教師「そうだね。で、源氏がいったいどうしたの」
生徒「病気になった」

以上の要領で、源氏がお供を連れて出かけるところまでの内容をつかむ。古文の場合、ことばの問題、文法の問題、敬語法の問題など、現代語訳の前に解決しなければならないことはあるが、あらすじとして大づかみで内容を把握することも必要であろう。

現代語訳を行う。これは教科書の脚注を利用すれば、そう難しいことではない。部分的に指名し、語句の意味を確認しながら進める。

教師「『あまたたび』を訳してごらん」
生徒「……」
教師「『たび』というのは僕らも使うね。『何かある度に』とかね。そして、『あまた』というのは量を表す言葉なんだ。多いの？　少ないの？」
生徒「多い」
教師「そう。そうすると、『あまたたび』は？」
生徒「何度も」

分からない言葉が出てくる。予習をしてくれれば問題はないのだが、そうでない場合でも文脈から類推させたり、ヒントを与えて考えさせる。ヒントとしては、漢字を示すのが分かりやすい。活用語の場合、終止形に直してみる。例えば、「老いかがまりて」の場合なら「老い」て「かがまる」とする。「かがまる」は「かがむ（屈む）」だと導けば、「ああ、腰が曲がることだ」と生徒も合点がいく。

この場面の現代語訳では、あらすじでとらえたことを具体的に確認する作業となる。そのため、文法事項としては「とくこそ試みさせ給はめ」の「め」の意味と、「いかがはせむ」の反語を確認する。

「め」は適当・勧誘の助動詞「む」の已然形（「こそ」の結び）で「～がよい」という意味になり、ある人が源氏に何かを勧めていることが確認出来る。また、「いかがはせむ」は「いかにかはせむ」の略であると示せば生徒も「かは」が反語であることは分かる。「どうしようもない」から、源氏自身が出かけることになるのだと理解出来る。

現代語訳が終わったところで、「いと忍びてものせむ」を問題にした。「源氏は、なぜこっそりと出かけたのだろうか?」これには「病気であることを皆に知られたくないから」という答えが出てきた。こちらが期待する「行ひ人に迷惑がかかるから」という答えは出ない。やはり、ある程度背景を説明する必要があるだろう。

「源氏は一流の貴族であるから、出かけるとなれば四、五人の御供ですむわけがない。もし大勢の御供を連れて仰々しく出かけたとして、病気が治らなかったとしたら行者の立場はどうなるであろうか」

ここは解説となってしまった。

寺のさまもいとあはれなり。峰高く、深き岩のうちにぞ、聖入りゐたりける。登り給ひて、たれとも知らせ給はず、いといたうやつれ給へれど、しるき御さまなれば、

（聖）「あなかしこや。一日召し侍りしにやおはしますらむ。今はこの世のことを思ひ給へねば、験方の行ひも捨て忘れて侍るを、いかでかうおはしましつらむ」と驚き騒ぎ、うち笑みつつ見奉る。いと尊き大徳なりけり。さるべきもの作りて、すかせ奉り、加持など参るほど、日高くさし上がりぬ。

この段落でも、まず場面の確認を行う。「寺のさま」とあるから、光源氏が「北山のなにがし寺」に到着したことは分かる。そして、登場人物を聞いてみると、光源氏と聖、大徳と名が出てきた。しかし、本当に三人なのか。もう一度、本文を読んでみる。文の流れから言えば聖と大徳は同一人物であることが分かる。さらに、この聖がどういう人物かを考える。そうすると、前の段落で登場した「かしこき行ひ人」であることが分かり、その上で現代語訳を進める。

現代語訳を進める上では、①「いといたうやつれ給へれど」②「召し侍りしにやおはしますらむ」③「思ひ給へねば」の3箇所について文法的に調べてみることを要求した。

①では、「やつる」の語句の意味の確認と助動詞「れ」（存続）の意味の確認、②では「召す」の語句の意味の確認と「にや」（断定＋係助詞）について、③では「給へ」が謙譲語であることの確認である。

「やつる」は後述する問題の手がかりになるところであり、「粗末な身なりをする」ことであると確認しておく。「れ」は生徒にとって比較的分かりにくい助動詞であること、「にや」は文法として問題にされやすいという判断から考えさせた。

教師「③の『給へ』の品詞名は?」
生徒「補助動詞」
教師「うん。で、何行何活用の何形?」
生徒「ハ行四段活用の……已然形か命令形」
教師「そう、そのどちらか。じゃ、『ね』は何の助動詞?」
生徒「打消の助動詞」
教師「終止形と活用形は?」
生徒「『ず』の已然形」
教師「接続を確認してみようか。打消の助動詞『ず』の接続は?」
生徒「活用語の未然形」
教師「そうだね。そうすると、接続が合わないね。じゃ、『ね』というのが他の意味の助動詞とは考えられないかい?」
生徒「完了の助動詞『ぬ』の命令形」
教師「うん、じゃ完了の助動詞『ぬ』の接続は?」

生徒「連用形」

教師「そうなんだね。そうすると打消でも完了でも接続が合わないわけだ。それなら『給ふ』を考え直してみるしかないね」

この場合は「給へ」が四段動詞ではなく下二段動詞であり、謙譲語であると結論が出る。生徒は「給ふ」といえば尊敬の意味で四段活用だと思っている。また、助動詞にしても「に」とあれば完了だと決めつけてしまうし、「ね」を打消の活用の中で見つけると、それで作業が終わってしまう。活用表を充分に呑み込んでいないからなのだが、今のうちは右記のように理屈で攻めるということも必要だと思うのだ。また、敬語の使い方で分かるということもある。「給ふ」の場合、自分の動作に尊敬語を使うのはおかしい。どちらにしろ、文法的に根拠をもって訳すという習慣を身に付けさせたいと思う。

右の段落の現代語訳が終わったあとで、次のような問題を設定してみた。

「第一段落で『かしこき行ひ人』として登場した人物が、第二段落で『聖』となり、さらに『大徳』と表現が変化しているのなぜか?」

教師「さあ、どうしてだろうね?」

生徒「自分のことを尊敬してくれたから」
教師「えっ、どういうこと?」
生徒「『あな、かしこや』とあるから……」
——これは勘違いだな、と分かるが続けて何人かの生徒を指名する。
教師「あなた、どう?」
生徒「源氏が僧と接しているうちに、言葉などから『すごい人』だと思ったから」
教師「どうしてすごい人だと思ったの?」
生徒「第一段落では、そういう人がいるよというだけで実体は分からなかったけれども、ここにやって来て実際にそういう人がいた。そして、会ってみたらすごい人だった」
教師「うん。その、すごいというのを本文から具体的に指摘できないかい?」
生徒「あの……。源氏を見て、名のってないのに、源氏だと分かったとこ」
教師「そうだね。しかも身分には合わない粗末な身なりをしていたのにね」

古文の場合、なかなかこのような問題の見つからないことが多い。また、文法の確認をしておきたいなと思うような箇所を見つけ、品詞分解、品詞名、活用語の文法的説明などとやっていると、それで随分時間がかかってしまう。そういう作業だけで終わってしまうということもある。しかし、それでは授業が魅力あるものにはならない。古文の授業の場合、「教えること」と「考えさせること」のバランスをどのようにとるか、それをいつも考えている。

（5）古典の授業についての考察

「これは教え込まなければならない」という義務感が授業の中で働くと、とたんに授業は魅力のないものになってしまう。

二学期の中間考査後、副教材の『古典の文法』を使って助動詞の学習を行った。生徒は真面目に取り組んではいるが、説明、問題、解答の繰り返しでは、やはり面白いものにはならない。講習と同じではないか。しかし、もう二年次の後半。まとめて助動詞の学習をやっておかねばならないという義務感にとらわれる。

文法の学習ばかりではない。古文の場合、授業がパターン化してしまうということがある。現代語訳を中心に考えるからだ。言葉の意味、文法の確認、現代語訳。作業があるとはいえ、パターン化は授業を退屈にする。教員生活十年目も終わりに近づき、一時間の授業を保たせることに、それほど苦労はなくなった。まして、進学校である。しかし、ここに落とし穴がある。

「良い授業」とは一体どのような授業なのであろうか。最近、ホームルーム（二年四組）で『私の授業論』と題して生徒に書いてもらったものがあるので、それを見てみよう。

〔あなたにとって「良い授業」とは、どのような授業ですか〕

理解しやすいこと。五十分があっと終わってしまう授業で、終わったあと満足感がある授業。メリハリがあり元気が出てくる授業。時間内にやったことが理解できる授業。聞いていてわかりやすく、たのしくて、とにかくあきない授業。楽しい授業。くわしく、わかりやすい説明をしてくれる授業。納得するまで教えてくれる、ていねいで、熱心な授業。ある程度ゆとりがあって、少し緊張感のある授業。効率がよく、かといって手をぬかない授業。形式ばっていない授業。自然に集中できる授業。先生の頑張りが伝わってくる、明るい授業。楽しく、わかりやすく、ノートの整理がしやすい授業。先生が勝手に授業を進めないでみんなに問題を出し、それについて考えたりするような授業。活発な授業。教科書に書いてあることばかりでなく、それについてくわしい話をしてくれる授業。教科書を重視し、眠くならないよう多少ジョークを交えて楽しく学べる授業。やる気を出させてくれる授業。脱線し、なおかつうまくすすめる授業。先生と生徒が一緒のような授業。グループなどをつくって先生が提示した問題について話し合う授業。生徒が発言できる機会をつくり生徒中心に進める授業。

〔あなたにとって「悪い授業」とは、どのような授業ですか〕

先生が話しっぱなしだったり難しいことばかり話す授業。思わず関係ないことをやりたくなるような退屈な授業。のんびりしすぎている授業。教えることに自信がないような態度ですすめる授業。自分だけのペースで突っ走る授業。内容をとばして生徒にやらせる授業。疲れて眠くなる授業。一方的に説明して教師自身が納得して終わる授業。何を言っているのかわからない授業。いまどきの高校生をバカにする授業。すぐおこる授業。自分の好きな生徒やできる生徒にたくさんあてて、嫌いな生徒やできない生徒をほっといてすすめる授業。ここはテストに出ないといって、そこをとばす授業。毎回同じようなことをする単純な授業。先生がなげやりになっている授業。暗い感じがして、別に集中しているわけでもないのに、やけに静かな授業。考え方が下手で、しかも先生も予習してこないで、それでいて自信家の授業。教科書の内容を棒読みしている授業。黒板にきちんと書いてくれなかったり、授業に関係のないことばかり言ったりする授業。教科書の星印のところだけやったり、やけに形式的な授業。勉強をおしえるだけで、おもしろみのない授業。自分だけの価値観でものを見たり、ひいきする授業。脱線のない授業。要点がわかりずらい授業。

生徒が「良い授業」と言っているのは、結局のところ「わかる授業」「楽しい授業」ということになろうか。多少、虫がいいと思われるものもあるが、教師に対して「ユーモア」や「熱心さ」、さらに「手際の良さ」を要求しているようだ。また、「話し合う」ことや「発言」の機会を求めていることにも注目しなければならないだろう。

「悪い授業」とは、ほぼ「良い授業」の裏返しと見ることが出来るが、かなり厳しいことばが飛び交っている。自信を持って教えろ、予習しろ、自己満足するな、生徒をバカにするな、すぐおこるな、手を抜くな、ひいきするな、きちんと板書しろ……。そのまま生徒に返してやりたいことがないわけではないが、実際の問題として、生徒がこのように受け取る授業があると考えなければならない。

生徒の求めるものが、そのまま授業論となるわけではないが、私にとってもかなり耳の痛いものがある。前に挙げた授業のパターン化などは「単純なことばかりさせるな」「形式的」ということにつながるのかもしれない。また、「くわしい説明」「わかりやすい説明」という点では思いあたることがある。古文の場合、現代語訳は理解できても、どういうことかさっぱりわかっていない、内容がつながっていないということがある。これは、説明の問題だけではなさそうだ。ことばを扱う教科としては、ことばのイメージ化も考えなければならないことだろうし、内容をふくらませる「語り」があるかどうかも大きな問題だ。また、生徒が求める「発言」を重く受けとめれば、当然授業における追求という問題に発展するだろう。

生徒が書いた『私の授業論』についての分析も必要であろうが、ここでは「『源氏物語』の授業」に引き付けてまとめておこう。「『源氏物語』の授業」について、笠原氏から次のような指摘をいただいた。

「『源氏は、なぜこっそりと出かけたのだろうか?』は発問になる。『給ふ』について、謙譲語であることを引き出したところから問題を拡大することが出来る。古文の場合は追求の視点が二つある。一つは本文がすっかり理解出来た上で内容について追求する場合。二つ目は『ことば』の問題から内容のイメージや思想に迫るということ。また、授業記録の考え方としては、教師・生徒ではなく教師の解釈と展開を明確に記録するようにしたい」

(4)の最後で、「教えること」と「考えさせること」のバランスと述べたが、やはり一時間の授業の中に、せめて一つの問題(発問)を設定したいものだ。「いと忍びてものせむ」にしても、「ものものしい行列をわずらわしく思った」というところまでは引き出せたのではないか。そこから「迷惑」へと持っていくことも可能だったろう。また、「給ふ」にしても、「聖→大徳」の問題と結びつけて、「この世のことを考えていない」老齢の僧の心境と今を時めく源氏の出会いとして考えることも出来たのではないか。

このように考えると、やはり授業者の教材に対する解釈の問題であり、発問を設定する教材研究の問題になってしまうようだ。生徒の「予習しろ」という言葉は、私にも向けられていたのである。

二、札幌西高校での実践

(1)平成八年度の授業から

平成八年四月、室蘭清水丘高校から札幌西高校へ転勤となった。この年は二年生の担当(副担任)となり、現代文二単位二クラス、古典I三単位四クラスを受け持った。古典Iは筑摩書房の教科書を使用し、副教材として一年次に『新要説文語文法』(日栄社)と『必修基本漢文』(数研出版)、『最新国語便覧』(浜島書店)を持たせている。

この年に扱った教材は次の通りである。

【古　文】

竹取物語(かぐや姫の嘆き)、伊勢物語(月やあらぬ、ゆく蛍、小野の雪)、堤中納言物語(はいずみ)、大和物語(安積山)、土佐日記(船出、黒鳥白波)、蜻蛉日記(嘆きつつ)、枕草子(上にさぶらふ御猫は、すさまじきもの、九月二十日あまりのほど、雪のいと高う降りたるを)、源氏物語(心づくしの秋、母子の別離、鶯の初音)、大鏡(花山院の出家、南院の競射)、方丈記(安元の大火、閑居の気味)、徒然草(同じ心ならむ人と、これも仁和寺の法師、名を聞くよりやがて面影は、世に従はむ人は)。

【漢　文】

狡童、古詩十九首第十、秋風辞、詠懐詩、飲酒、売鬼、十八史略（始皇帝、刺客荊軻）、史記（鴻門之会、四面楚歌）、九月九日憶山東兄弟、秋甫歌、登岳陽楼、尋隠者不遇、遊山西村、読家書、捕蛇者説、離魂記、孟子（四端）、荀子（性悪）、荘子（逍遥遊）、韓非子（説難）、墨子（非攻）。

文法事項としては助詞（前期）と敬語（後期）を扱った。また、二年次になって生徒に持たせた『古文単語六〇〇』（中央図書）の付録である単語テスト（二十回分）を授業時に使用し、さらに夏・冬休みの課題用にはオーダーシステム問題集（ベネッセ）を利用した。

右に挙げた教材を見ても分かるように、年間でかなりの量をこなしている。これに文法事項も含めると、読み進めるのが精一杯という感じだった。考えさせるという授業にはならなかったが、いくつか作文として書かせたものがあるので、それを紹介したい。

【課題】「特に印象に残った物語（竹取物語、伊勢物語、堤中納言物語、大和物語）を一つ選び、その理由も含めて感想を書きなさい。」

「私が物語（大和物語）を読んでいてすごく感動することは、こんな昔の人も現代にもあるような悲劇を書いていたこと、昔も今も物語を書く時の想像力は変わりがないことで、どんなに周囲が進歩しても人の心の部分では昔と変わりないのだなと思いました。」〈女子〉

「教科書に出てきたのは物語（竹取物語）の一場面だけでしたが、前後を思い出して読むことが出来たので、話の内容をつかむことができ、この一場面だけでも『おもしろい』と感じました。（実際は悲しい場面ですが…。）また、内容とは別に、この文章そのものも他の文章と比べてテンポがよく、読みやすいと感じました。」〈女子〉

「私が特に印象に残ったのは『伊勢物語』です。文の意味が他の作品よりわかりやすく、特に『月やあらぬ』や『ゆく蛍』の、男のつらくせつない心情がこめられた歌は、意味をとっていくうちにだんだんわかってきて、とてもおもしろかった。歌物語というのは普通の物語と違って、歌によってまた文の意味が深まっていくような気がして、とても読んでいてわかりやすいと思う。」〈女子〉

「特におもしろかったのは『はいずみ』です。女がおしろいと間違えて墨を塗っただけなのに、それに気がつかない男と父母の態度がおもしろい。けれで、女がそのことに気づかないのは、どう考えてもにぶい。男の性格が妙に人間くさいので、物語とは思えないほどリアルに伝わってくる。そして、伝わってくるにもかかわらず話自体はすごくばかばかしいので、その差がまた一層おもしろくさせていると思う。でも、男の性格には少し問題

があるような気がする。」〔男子〕

【課題】「この作品（徒然草）に書かれている作者の考え方、ものの見方に対して、あなたの意見を述べなさい。（四編から一つを選んでもよいし、四編を通しての意見でもよい。）」

「私は『世に従はむ人は』の『春暮れてのち……』からの文面がきれいだと思ったし、共感することができた。作者は、ある事を説明するために直接批判したり、感動したりするのではなくて、読み終えた後にふと考えさせられるような文章を書いていてすごいと思った。（略）徒然草は読んだ後にいろいろな考えが生まれてくるような読み物で、何百年も違う時代に生きていた人の考えに共感したり、感動したり、考えさせられたりするのは不思議な気がした。」〔女子〕

「徒然草は今から七・八百年前に書かれたものであるけれど、兼好の考え方やものの見方は現代にも通じるものがあると思う。特に『同じ心ならむ人と』の中での考え方は現代と全く同じである。確かに、ちょっとしたおしゃべりをしたり、遊んだりする友人はたくさんいると思う。しかし、自分の悩みなど何でも話し合える友人のいる人は少ないのではないかと思う。実際問題、そういった友人がいないために悩みを打ち明けられず、自分の中だけにしまい込み、あげくの果てには悩みを解決できずに自殺してしまうということもあ

るようだ。この文章は、真の友人の大切さをあらためて感じさせるものだ。」〔男子〕

【課題】「人間の本性について、あなたはどう考えるか。」

「孟子の唱える性善説は経験による善との差が例示されていないために説得力に欠けるが、荀子の性悪説はその点を鋭く示しているように見える。だからといって僕は性悪説を支持するわけではない。むしろ、性善説の方を押したい。黒いインクを白くすることが出来ないように、本性が悪である者が善を行えるはずがない。しかしよく考えてみるとつまらない問題である。大切なことは『現に今存在する自分がどうなのか』であって、本性などどうでもよいのである。」〔男子〕

「人間の本性は悪だと思う。あまり悪いイメージを考えたくはないけれど、誰でも一度は悪いことをしたいとか、してみようという気になったことがあると思う。どんな人にもこういう気持ちや欲はあるはずだ。だけど、そのつど我慢してこれたのは、理性が働くからである。理性というのは、成長するにつれて身についていくものだと思う。だから、それが身につく前、つまり子供の頃というのは自分勝手でわがままである。（略）人には悪の心がひそんでいるけれど、それを理性でどれだけ抑えられるかだと思う。」〔男子〕

「孟子も荀子も、もっともなことを言っているので、私には人間が性善か性悪かを言うことは出来ない。ただ、欲望は確かにあるし、それが人間だと思う。それは悪いこととは思えない。生まれながらに悪い人はいないと思うし、人の人格形成は育つ環境によるところが大きいと思うから、やはり私の考えは孟子に近いのかもしれない。でも、はっきり善悪二元、いいか悪いかどちらかに分けなくてもいいように思う。（略）善悪ではなく、私としては、人間は何のために生きるのかということを考えるために生きていくものだと思う。」〔女子〕

（2）平成九年度の授業から

今年度は一年生の担当（担任）となり、国語Ⅰ（現代文）二単位二クラス、国語Ⅰ（古典）三単位四クラスを受け持った。教科書は『新選国語Ⅰ』（尚学図書）を使用。副教材は『古典文法』（尚文出版）と『基本漢文マスター』（文英堂）、『詳説国語便覧』（東京書籍）を持たせている。国語Ⅰ（古典）の年間計画は次の通りである。

〔年間学習計画〕

①古文入門（「安養の尼の小袖」「ねこの子のこねこ」「羅生門」）

※歴史的仮名遣い、古語と現代語、単語の種類、活用と活用形。

②漢文入門（漢文の訓読、「履を買ふに度を忘る」「矛盾」）

※送り仮名、返り点、書き下し文、再読文字。
〈第一回定期考査〉
③古典随筆（「つれづれなるままに」「雪のおもしろう降りたるに」「ゆく川の流れ」）
※動詞、形容詞、形容動詞。
④漢文入門（「虎の威を借る」「五十歩百歩」）
〈第二回定期考査〉
⑤古典随筆（「仁和寺にある法師」「ある人、弓射ることを習ふに」「悲田院の尭蓮上人は」）
※助動詞（可能、自発、尊敬、受身、過去、完了）。
⑥中国の詩文　※句法（否定、禁止）。
〈第三回定期考査〉
⑦軍記物語（「祇園精舎」）
⑧和歌　※助動詞（打消、推量、他）
⑨中国の思想　※句法（疑問、反語、使役、受身）
〈第四回定期考査〉
以下、自主教材。
ここでは、十月から十一月にかけて行った「徒然草」と「漢詩」の授業について、一部を紹介する。

「徒然草」の授業

① 「ある人弓射ることを習ふに」

人間には怠け心があるから事は思い立った時に実行に移すべきであると述べた文章である。もっともなことであり、こういう文章は課題を設定しにくいが、現代語訳の後で次のように問いかけた。

【課題】「この文章は『弓を習う人』と『道を学ぶ人』のことが書いてある。二つの話を通して、作者は何を主張したいのか」

教師「弓の師匠は、結局どうしろと言ってるの？」
生徒「この一矢で定むべし」
教師「それは、どうして？」
生徒「後の矢をあてにして、初めの矢にいいかげんな気持ちが起きるから」
教師「その気持ちを作者は何と言ってるの？」
生徒「懈怠の心」
教師「そう。じゃ、道を学ぶ人に対して作者はどうしろと言ってるの？」
生徒「……」

教師「直接どうしろとは言ってないけど、最後のところから読み取れるね」
生徒「ただ今の一念において、ただちにする」
教師「そう。それは、どうして？」
生徒「一刹那のうちに懈怠の心があるから」
教師「そうすると、二つの話に共通するのは？」
生徒「懈怠の心」
教師「そして……」
生徒「その時を大事にする」
教師「そう。あるいは、思い立った時に実行するという事だね」

②「能をつかんとする人」

芸能を習得するための心構えを説いた文章であるが、芸能ばかりでなく様々なことにあてはまる話でもあり、人間の心理をついていると思われる。その点を自分の問題として考えさせてみたい。そこで、現代語訳の後で筆者の言う心構えをまとめてから、次のように問いかけてみた。

【課題】「この文章には、次のような二つの意見が書かれている。あなたはどう思うか」
（A）人に知られずこっそりと習得してから人前に出るのが奥ゆかしい。〈一般の考え〉

（Ｂ）・未熟なうちから名人の中にまじって一心に励む。
・停滞することなく勝手なことをしないで努力を継続させる。・芸道のきまりを守り、それを尊重する。〈作者の考え〉
〔生徒の答え〕
（Ａ）・Ｂは正しいかもしれないが、現実的ではないから。
・人前でけなされるのはつらいし、一人でも努力出来るから。
・習得の仕方は人それぞれだと思うから。
・決まりを守るだけでなく、改革も必要だと思うから。
・それぞれ個性があってもよいと思うから。
（Ｂ）・名人の技術を盗めるから。
・こっそりと習得するのは相当の努力と根気が必要だから。
・人前で失敗した方が成長すると思うから。
・一人でやるというのは限界があると思うから。
・一人でやったのでは練習の方法やレベルが分からないから。

①「鸛鵲楼に登る」（王之渙）

白日山に依りて尽き／黄河海に入りて流る
千里の目を窮めんと欲して／更に上る一層の楼

五言絶句という限られた字数の中で壮大な風景を想像させる詩である。授業では第四句の「更に上る」を問題にしようと考えた。

【現代語訳】
〈第一句〉「照り輝く太陽は（西の）山に寄り添うように沈んでゆき」
〈第二句〉「黄河は（東の）海に入ろうと流れている」
――「白日」「山に依りて」は脚注に訳が書いてある。ここでは第一句と第二句での作者の視線を問い、西から東へと壮大なパノラマが展開していることをイメージさせた。
〈第三句〉「（私は）千里のかなたまで眺めを見きわめようとして」
〈第四句〉「楼をもう一階上へと上っていった」
――「千里の目」は脚注に訳がある。また、「鸛鵲楼」の説明もあり「三層の楼」であることが書かれている。そこで、作者がどこにいてどこへ上ったのかを問い、「眺めを見きわめ」るのなら二階から最上階へ上ったのであろうと確認した。

【発問】「千里のかなたまで眺めを見きわめようとする作者にはどのような思いがあったのだろうか？」

生徒「景色を目に焼き付け、もっとよい詩を書きたいと思っている」

「自然の素晴らしさを実感したいという思い」

「上から見たらもっと良いだろうという期待」

「もう来ることは出来ないだろうから、よく見ておこう」

――最後の答えには飛躍がある。さらに生徒を指名する中で次のような答えが出てきた。

「雄大な自然を見て自分もそうなりたいと思っている」

「雄大な自然を前に、自分の小ささを思い知ろうとしている」

――思わず「なるほど」とうなずいてしまう。そこで、入谷仙吉氏の意見を紹介した。

「無限の空間の中に置かれた時、人間は自分の位置を確認しないではいられない。最後の句、展望を拡大しようとする行為は、同時に自分の位置を確認する行為である」（『漢詩の世界』筑摩書房）

② 「黄鶴楼にて孟浩然の広陵へ之くを送る」（李白）

故人西のかた黄鶴楼を辞し／煙花三月揚州に下る
孤帆遠影碧空に尽き／惟だ見る長江天際に流るるを

古い友人を見送る作者の思いが、黄鶴楼からの情景描写に秘められた詩である。そこが読み取れるかどうかに焦点を絞ってみた。

【現代語訳】

〔第一句〕「古くからの友人は、この西の地で黄鶴楼に別れを告げ」
〔第二句〕「春がすみの中に花が咲く三月、揚州へ下って行く」
――「故人」「煙花」は教科書の脚注に訳がある。
教師「孤帆は舟のことだけど、どんな舟？漢字から見当がつくね」
生徒「帆かけ舟」
教師「そう。何そう？」
生徒「一そう」
教師「うん。一そうの帆かけ舟の『遠影』となるね。影というのはどういう意味か？」
――ここで「月影」「人影」「面影」と板書し、意味を問う。それぞれ「月の光」「人の姿」「心に浮かぶ姿」となり、ここから「遠影」の「影」の意味を考えさせ、「遠い姿」と導く。
教師「『碧空に尽き』の『碧空』とは？」
生徒「青空」
教師「そう、深い青空という意味だ。じゃあ、一そうの帆かけ舟の遠い姿が深い青空に『尽き』とは、どういうこと？」
生徒「青空に見えなくなること」
教師「えっ、じゃあ、空に飛んで行くの。（笑）」
生徒「いや、あの、空と地上の境に見えなくなること」
教師「そう。どんな景色か想像するしかないけれども、見えなくなるまで見送っているんだね」
――第四句の「惟」が〈限定〉を表すことを確認し訳を行う。「天際」は脚注に「空の果て。ここでは水平線をさす」とある。
〔第四句〕「ただ長江が空の果てへ流れて行くのが見えるだけである」
【発問】「この詩には作者の感情を表す言葉が使われていないが、第四句の『惟だ見る』を手がかりにして作者の心情を考えよ」
生徒「別れを惜しんでいる」
生徒「別れの悲しさ」

生徒「別れの寂しさ」

――当然考えられる答えである。さらに次のように問いかけた。

教師「第三句で、友人の乗った舟はもう見えなくなっているんだよ。そうすると今、作者の目に映っているのは」

生徒「長江の川の流れ」

教師「そう。だから、あとには『ただ長江の流れが見えるだけ』なんだね。それでも立ち去ることの出来ない作者の思い」

生徒「もう二度と会えない……」

生徒「こみ上げてくる気持ちを扱いかねている……」

教師「ああ、なるほど。『こみ上げてくる気持ち』が長江の流れに込められて表現されているというのは考えられるね」

〈付記〉「古典の授業～古典に対する興味・関心を高める授業を目指して～」は、平成九年度の北海道高等学校教育研究会国語部会における研究発表資料として、室蘭清水丘高校・札幌西高校での実践をまとめたものである。

「課題のある授業」を目指して

～今年度の「古典Ⅰ」の授業から

一、はじめに

今年度（平成十年度）は持ち上がりで二年生の担任となり、二年生の「現代文」（2単位）２クラスと「古典Ⅰ」（３単位）４クラスの授業を受け持つことになった。

本校（札幌西高校）では、ほぼ１００％の生徒が進学を希望し、80％の生徒がセンター試験を受ける。

そうなると、授業においても受験に対応出来るだけの力を付けさせなければならないということになる。小テストを繰り返すことによって文法や句法、そして単語を暗記させることに熱中し、ひたすら文法事項や句法の確認をしながら現代語訳を行う授業になってしまいがちである。

生徒には国公立大学に進学したいという強い希望があるので、試験に対応出来る力は次第に付いていくが、残念ながら授業としては魅力に乏しいものとなってしまう。仮に、それが現実として生徒のニーズに合ったものであるとしても、授業者としてはそれで満足するわけにはいかない。やはり授業本来の面白さを取り戻さなければならないし、何よりも古典文学の持つ面白さや魅力に触れる授業にしなければならないと思うのである。

一年次では、古典文法の用言・助動詞までと漢文の句法の主なもの（否定・疑問・反語・使役・受身）を終えなければならないというノルマがある。これを適宜教材の間にはさんで授業を行うとなると、かなり厳しいものがあった。担当者は3名であり、常に進度を確認しながら進めていく。ゆったりと授業を進めるというわけにはいかなかった。その結果、文法や句法のわずらわしさから、「古典は面倒臭い」と感じた生徒も多かったように思う。今年度はその反省を踏まえて、一つの教材の中で、あるいは1時間の授業の中での課題を明確にし、考えさせる場面を作り出すことを目標に授業を行うことを心がけてきた。

以下、いくつかの実践例をまとめてみたが、その前に今年度の年間計画を挙げておきたい。

〈4月〉古文・説話「児のとんち」（沙石集）、「怪力の美女」（宇治拾遺物語）

〈5月〉古文・随筆「ある者、子を法師になして」「つれづれわぶる人は」「九月二十日のころ」「花は盛りに」（徒然草）

〈6月〉漢文・故事「塞翁馬」「苛政猛於虎」……………………第1回定期考査

古文・文法　助詞

〈7月〉古文・物語　「春日野の姉妹」「梓弓の女」（伊勢物語）
〈8月〉漢文・史記　「鴻門之会」……………………第2回定期考査
〈9月〉古文・文法　敬語
　　　古文・物語　「帝の求婚」（竹取物語）
〈10月〉古文・物語　「桐壷更衣」（源氏物語）
〈11月〉漢文・漢詩　「鹿柴」「涼州詞」「月夜」「香炉峰下」…………第3回定期考査
〈12月〉古文・随筆　（枕草子）
〈1月〉古文・和歌俳諧　※作品未定
〈2月〉漢文・思想　（論語）（孟子）…………………………第4回定期考査
教科書は「高等学校古典Ⅰ」（角川書店）を使用している。

〔オリエンテーション〕

最初の授業の時に、生徒には次のことを話しておいた。

①本文をノートに書き写してくること。

②辞典は持ってこなくてもよい。文法・句法のテキストは持ってくること。

③予習はしなくてもよいが、授業に集中すること。

①は古典に「慣れる」ためである。授業では「読み慣れる」ことに重点を置くが、家では最低限「本文をノートに書き写してくる」ことを要求した。②は、分からない言葉は文

脈から類推すればよいという考えからである。但し、文法については繰り返し確認することによって覚えるしかない。そのためにテキストは必ず持って来てもらうようにした。③はあくまでも極端な言い方であるが、授業において傍観者であってはいけないということである。

また、訳をノートに書きとり、板書した文法事項の説明をノートにとっておけば教科書ガイドなども必要ないだろうと付け加えておいた。

二、「児のとんち」（沙石集）

ある山寺の坊主、慳貪なりけるが、飴を治してただ一人食ひけり。よくしたためて、棚に置き置きしけるを、一人ありける小児に食はせずして、「これは人の食ひつれば死ぬる物ぞ」と言ひけるを、この児、あはれ食はばや、食はばやと思ひけるに、坊主他行のひまに、棚より取り下ろしけるほどに、うちこぼして、小袖にも髪にも付けたりけり。日ごろ欲しと思ひければ、二、三杯よくよく食ひて、坊主が秘蔵の水瓶を、雨垂りの石に打ち当てて、打ち割りておきつ。坊主帰りたりければ、この児さめほろと泣く。「何事に泣くぞ」と問へば、「大事の御水瓶を、過ちに打ち割りて候ふ時に、いかなる御勘当かあらんずらんと、口惜しく覚えて、命生きてもよしなしと思ひて、人の食へば死ぬと仰せられ候ふ物を、一杯食へども死なず、二、三杯食べて候へども大方死なず。果ては小袖に付けて侍れども、いまだ死に候はず」とぞ言ひける。飴は食はれて、水瓶は割られぬ。慳貪の坊主、得るところなし。児の知恵ゆゆしくこそ。

内容的には分かりやすい話である。教訓的な読み取りよりも、児の賢さと坊主の過ちとを理解出来ればよいのではないかと考え、課題としては教科書の学習問題を利用することにした。（実施時数2時間）

〔学習1〕「これは人の食ひつれば死ぬるものぞ」という坊主の言葉を、児はどのように利用したか、考えてみよう。

〔学習2〕坊主が児にやりこめられたのは、どんな過ちを犯しているからか、過ちを二つ挙げてみよう。

まず、文を細かく句切って次々と読ませていく。慣れてきたところで、少しずつ長く読ませる。そして、最後には「内容を考えながら聞くように」と指示を与えたうえで、段落を通して読ませる。このようにして、多くの生徒が読みの段階で口を開くように心がけた。口語訳は助詞の使い方がまだ曖昧である。教師が適宜つなぎの言葉を補って訳を作っていく。この時も、文を細かく句切って指名していく。

T　「はい、じゃあ口語訳していこう。どうぞ」
S1　「ある山寺の住職……」
T　「住職で」
S1　「ある山寺の住職で、欲深くけちだった坊主が」
T　「うん、いいね。はい、じゃあ次どうぞ」
S2　「飴を作ってただ一人食べた」
T　「はい、次」
S3　「よくしまい込んで……」
T　「よくしまい込むってどういうこと。もっと適当な言葉があるんじゃない」
S3　「上手に……」
T　「うん、その方がいいね。上手にしまい込んで……。はい、次」
S4　「置き置きってなんですか」
T　「棚に置き置きだから、ようするに、棚に……」
S4　「置いた」
T　「一度だけ？」
S4　「あっ、何度も」
T　「そう。少し言葉を補って訳しておこう。時々出してはその度に棚に置いていたのを」

このようなテンポで進めていく。２時間目は前半の段落で終了。「どうして水瓶を割ったのか」という点を、次の時間への課題としておく。２時間目も文法事項にはほとんど触れずに訳を進め、その上で前時の課題と教科書の学習問題を合わせて考えさせた。

T「じゃあ、坊主の言葉を児はどのように利用したの」
S「……」（どういうふうに答えていいのか分からないようだ。）
T「あのね、死ぬる物と言ったのは本当のこと」
S「いや、嘘だった」
T「うん、それを児は知っていたの」
S「知ってた」
T「そうだよね。じゃあ、知ってて何のために利用したの」
S「ああ、飴を食べるため」
T「そう。そういうことさ。まとめてごらん」
S「和尚さんの嘘を知っていて、それを飴を食べるために利用した」
T「そうだ。つまり、嘘を逆手にとって利用したってことだね」

学習2の答えは、ここから「嘘をついたこと」と分かる。そして、その嘘は何のための嘘だったのかと持っていくことによって、「飴を独り占めしたかったこと（慳貪）」という答えも引き出せる。

解答の後、仏教の五戒（不殺生、不偸盗、不邪淫、不妄語、不飲酒）を挙げて、和尚が「不妄語」の戒を犯していることを解説した。

三、「九月二十日のころ」（徒然草）

「徒然草」は一年次にも扱っている。一年次で扱ったのは、次の文章である。

> 「つれづれなるままに」「雪のおもしろう降りたりし朝」「仁和寺のある法師」「ある人弓射ることを習ふに」「悲田院の尭蓮上人は」「能をつかんとする人」

二年次では、次のようにポイントをしぼってみた。

①助動詞の復習に重点をおいた口語訳。

②「ある者、子を法師になして」「つれづれわぶる人は」の二つの文章では、論の展開の仕方を読み取る。

③「九月二十日のころ」では、筆者が感じている情趣の内容を考える。
④「花は盛りに」では、兼行の物の見方を読み取り、そこから無常観を考える。
⑤授業後、「徒然草」についての感想文を書かせる。

「九月二十日のころ」（実施時数2時間）

九月二十日のころ、ある人に誘はれ奉りて、明くるまで月見歩くこと侍りしに、おぼし出づる所ありて、案内せさせて入り給ひぬ。荒れたる庭の露繁きに、わざとならぬ匂ひ、しめやかにうち薫りて、忍びたるけはひ、いとものあはれなり。よきほどにて出で給ひぬれど、なほ事ざまの優におぼえて、物の隠れよりしばし見ゐたるに、妻戸を今少し押し開けて月見るけしきなり。やがてかけこもらましかば、口惜しからまし。跡まで見る人ありとは、いかでか知らん。かやうのことは、ただ朝夕の心遣ひによるべし。その人、程なく失せにけりと聞き侍りし。

前述の③のように、家の主人の「朝夕の心遣い」からにじみ出て来る雰囲気がイメージ出来ればと考えた。また、最後の一文についても課題として考えさせた。

実際の授業では、1時間目に読みの後で次のような問題を出している。特に、助動詞の意味を確認してから口語訳に臨もうということである。

問　傍線部を品詞分解し、各語を文法的に説明しなさい。

①誘はれ奉りて
②月見歩くこと侍りしに
③案内せさせて
④入り給ひぬ。
⑤荒れたる庭
⑥わざとならぬ匂ひ
⑦しめやかにうち薫りて
⑧出で給ひぬれど
⑨優に覚えて
⑩見ゐたるに
⑪掛けこもらましかば口惜しからまし。
⑫いかでか知らん。
⑬心遣いによるべし。

⑭失せにけりと聞き侍りし。

T　「『やがて掛けこもらましかば、口惜しからまし』が反実仮想であるということは確認したけれども、反実仮想というのは事実に反する状態を仮定してるんだよね。じゃあ、この場合の実際はどうだったの」

S1　「月見るけしきなり」

T　「そう。直前に書いてある通りだね。それじゃ、その月を見ていた様子を筆者はどう思っているの」

S1　「……」

T　「中に入ってしまったとしたら、残念と言ってるんだから」

S1　「残念ではない。……よかったと思ってる」

T　「そう。好ましく思っているわけだ。しかも、この人は見られたことを意識して月を見ていたの」

S1　「見ている人がいるとは知らなかった」

T　「そうだ。反語になっているからね。次に『朝夕の心遣ひ』とあるけれども、前半の段落にも『朝夕の心遣ひ』と思われることが書いてあったね。どこ」

S2　「……わざとならぬ匂ひ」

T 「そう。わざわざたいたものではない。じゃあ、『朝夕の心遣ひ』を言い替えると」

S2 「……」

T 「朝も晩もと言うんだから」

S2 「いつも」

T 「そう」

S2 「いつもしていること」

T 「その通りだ。つまり、普段の心掛けということだ。確かにねえ、さよならと言ってから、いきなりバタンと戸を閉められたら何だか感じ悪いよね。（笑）さて、最後の一文で過去の助動詞が二つ使われていることを確認したんだけど、どうして違う言葉を使ってるんだろう。『けり』と『き』だよ、どうして」

S3 「……」

〈文法のテキストで「けり」と「き」の用法の違いを確認させる。〉

T 「人づてに聞いたということなんだね。じゃあ、最後の問題。この文章では優雅な心遣いについて書いてあるんだけれども、それは最後の一文がなくても伝わってくるよね。なのに、どうして『その人、程なく失せにけりと聞き侍りし』と書いたんだろう」

Ｓ４「何か……その方がしみじみとするから」
Ｔ「そのしみじみってどんな気持ち。もっと具体的に言ってごらん」
Ｓ４「その人が死んでしまって寂しいという気持ち」
Ｔ「あなたは」
Ｓ５「残念だ」
Ｔ「うん。あの、去年『雪のおもしろう降りたりし朝』という文章を読んだでしょ。あの時は、筆者が趣深く雪が降った日にそのことを一言も書かないで手紙を出したら、無風流だって非難されたんだよね。しかし、その人は今は亡き人だった。あの文章でも、情趣を理解する人が今はもういないという気持ちを表しているようだね。兼行が生きた時代ってどんな時代だったっけ」
Ｓ５「鎌倉時代の終わり」
Ｔ「そうだったね。一つの時代の終わりということは」
Ｓ５「戦乱の時代」
Ｔ「うん。何かこう殺伐とした世の中だってことは想像できるよね。そう考えると、この最後の一文なんかは、情趣とか優雅とはかけ離れた時代になってしまったという、そういう筆者の思いが伝わってくるようだね」

四、「塞翁が馬」（淮南子）

塞上に近きの人に、術を善くする者有り。馬故無くして亡げて胡に入る。人皆之を弔す。其の父曰く、「此れ何遽ぞ福と為らざらんや」と。居ること数月、其の馬胡の駿馬を将ゐて帰る。人皆之を賀す。其の父曰く、「此れ何遽ぞ禍と為る能はざらんや」と。家良馬に富む。其の子騎を好み、堕ちて其の髀を折る。人皆之を弔す。其の父曰く、「此れ何遽ぞ福と為らざらんや」と。居ること一年、胡人大いに塞に入る。丁壮なる者は弦を引きて戦ひ、塞に近きの人、死する者十に九なり。此れ独り跛の故を以って、父子相保てり。故に福の禍と為り、禍の福と為るは、化極むべからず、深測るべからざるなり。

この文章では、出来事に対する「術を善くする者（父）」と「一般の人々（人）」との、受け取り方の違いが対照的に描かれている。その違いを読み取ることが課題になるだろうと考えた。そこから、テーマを考えさせたい。（実施時数2時間）

漢文の授業では、読みに時間をかける。読みから書き下し文の確認となる。長い文章では、いちいち板書することも出来ないので、プリントで確認させるということもあるが、この文章では書き下し文を板書した。そこに生徒の現代語訳を書きつけていくという進め方である。教科書の脚注が細かく、現代語訳自体はそれほど難しいことではない。訳が終わり、内容を次のように整理して、出来事に対する父と人々の考え方の違いを考えさせた。

①馬が逃げた
← 〈人々（禍）、父（福）〉
②逃げた馬が駿馬を連れて来た。
← 〈人々（福）、父（禍）〉
③その駿馬から息子が落馬して足の骨を折った。
← 〈人々（禍）、父（福）〉
④足の骨を折ったことによって息子は戦争に行かず、生き残った。

T　「ここから父と人々の考え方の違いが分かるね。どう違うの？
S1　……。
T　「つまり父と人々は全く逆の反応を示してるんだけどね、例えば「馬が逃げて、駿馬を連れて来た」ら、あなただったらどういう反応を示すだろう。

S1「うれしいと思う」

T「うん、僕だってそう思うよ。（笑）だけど、どうして父はこれを「福」と考えないの」

S1「次に起こることを予測しているから」

T「自分の息子が落馬して足の骨を折ったらね、あなたなら禍と福のどっちに受け取る」

S2「禍」

T「どうして福とは思えないの」

S2「それは……、先のことを考えてないから」

T「そう。つまり目の前のことだけで判断してるからだよね。じゃあ、まとめてみよう」

人々……目の前の事実だけを見て、一喜一憂している。 父　……目の前の事実だけに左右されず、将来を見越している。

T「それでは、この文章の主題をノートにまとめてください」

（解答例）「何が禍となり何が福となるかは分からないものであり、目の前のことだけで一喜一憂すべきではない」

五、「梓弓の女」（伊勢物語）

昔、男、片田舎に住みけり。男、宮仕へしにとて、別れ惜しみて行きけるままに、三年来ざりければ、待ちわびたりけるに、いとねむごろに言ひける人に、今宵あはむと契りたりけるに、この男来たりけり。「この戸開け給へ」とたたきけれど、開けで、歌をなむ詠みて出だしたりける。「あらたまの年の三年を待ちわびてただ今宵こそ新枕すれ」と言ひ出だしたりければ、「梓弓真弓槻弓年を経て我がせしがごとうるはしみせよ」と言ひて、去なむとしければ、女、「梓弓引けど引かねど昔より心は君によりにしものを」と言ひけれど、男帰りにけり。女、いと悲しくて、しりに立ちて追ひゆけど、え追ひ付かで、清水のある所に伏しにけり。そこなりける岩に、およびの血して書き付けける。「あひ思はで離れぬる人をとどめかね我が身は今ぞ消え果てぬめる」と書きて、そこにいたづらになりにけり。

「梓弓の女」は、内容自体が面白い。生徒にとっても状況のイメージしやすい作品なのではないかと思われる。そこで、読解後、この作品に登場した男と女の行動についてどう思ったかを聞いてみようと思った。そのことによって、古典作品が単なる昔の物語というのではなく、現代にも共通するドラマを持っていることを感じてもらおうと考えたのである。また、助詞の学習をした後なので、助詞についての確認と主語の確認をしながら口語訳を進めた。（実施時数3時間）

T　「去なむとしければ。訳してごらん」

S1　「……」

T　「漢字で見当をつけてごらん」

S1　「去る」

T　「そう。それに推量・意志の『む』だから」

S1　「去ろうとした」

T　「そうだ。そして、『けれ』、已然形＋『ば』だから」

S1　「確定条件」

T　「去ろうとしたので、となるね。そこで、女の歌。『梓弓』は枕ことば。そこは考えなくていい。はい、訳してごらん」

S2　「引いても引かなくても昔から心は君に……」

T　「『より』は動詞、『に』『し』は完了、過去」
S2　「よったものを?」
T　「直訳したらそうなるね。でも、『心は』って言ってるんだから、それに合わせると」
S2　「寄せていた?」
T　「うん。いいじゃない。昔から心は君に寄せていた。それじゃあ、『引いても引かなくても』というのは、この場合どういうことなんだろう」
S3　「……」
T　「引いても引かなくても私はあなたに心を寄せていたんだ。引くとか引かないっていうのは誰が」
S3　「ああ、相手の人」
T　「そう、男だね。そうすると、あなたが引いても引かなくても私は……となる。考えて」
S3　「好きでも、好きでなくても……」
T　「そう。そういうことだと思うね」
この文章では、「女が戸を開けなかったのは何故か」と「『梓弓……』の歌の後で男が去ってしまうのは何故か」とを想像してみるのも面白いと思う。しかし、ここでは全体として男と女の行動についてどう思うかという課題にし、作文で提出してもらうことにした。

六、おわりに

斎藤喜博が『教育学のすすめ』の中で次のように述べている。

「子どもたちは、質の高い目標や課題が自分たちの前にあることによって、それを克服し突破しようとして緊張し集中するのである。困難に立ち向かうことによって緊張し集中するのである。そして、困難な課題を突破し、質の高いものをつぎつぎと獲得することによって、集中する力とか、困難を突破する意志力とかをつくり出していくのである。そういう仕事をつぎつぎと積み重ねていくことによって、質の高いものを獲得する喜びを知るようになるのである」

これが、「教育とか授業とかの一つの基本」と明言しているのである。確かにその通りだと思うのだが、実際にはその「質の高い課題」をどのように見つけ出すか、設定するかで足踏みしているのが私の現状である。最近の授業では「鴻門の会」や「竹取物語」を扱ったのだが、なかなか課題が設定出来ない。問答による読み取りの段階で考えさせるというのが精いっぱいで、それを越えるものがないのである。これには授業以前の問題もある。

①「教師が教材の本質をはっきりととらえ、教師としての自分なりの解釈なりイメージな

りを豊かに持って」いるか。

②「教材以外の豊かで広い知識とか表現力とかを持って」いるか。（『私の授業観』より）

こういう点で言えば、やはりまだまだ勉強不足と言わざるを得ない。それでも、毎日の授業がある。古典は「教える」という側面が強いだけに、課題も設定しにくいのではあるが、最低限ひとつの教材でひとつは考えさせる場面を作り出そうと思う。そして、その課題を質の高いものにしていくのが今後の私自身の目標である。

〈付記〉本稿は、平成十年度の合同教育研究全道集会へのレポートとして作成したものである。また「事実と創造」（第二一三号）にも掲載していただいた。

『源氏物語』で何を教えるか
～高校三年生の授業～

一、『源氏物語』の授業について

使用教科書は、一年次「新撰国語Ⅰ」（尚学図書）、二年次「高等学校古典Ⅰ」（角川書店）、そして三年次の現在は「高等学校古典Ⅱ」（角川書店）である。『源氏物語』は、二年次に「桐壷更衣・光源氏の母」（桐壷）を学習している。

今年度（平成十一年）の「高等学校古典Ⅱ」（角川書店）に掲載されている『源氏物語』は、紫上を中心とした章段（七編）である。指導書の単元解説によれば、（略）従来の教科書はその女性たちの数多くを俎上に載せようとするあまり、やや散漫な構成になっていた印象があったように思う。本単元では「光源氏と関わる女性を、思い切って紫上一人に絞り込んでみた」ということである。時間的余裕があれば、紫上一人に絞り込んだ七編全ての授業展開も可能だろうが、それは、望むべくもない。

年度当初、「あやしきうたた寝」を教材として選んだのは、三時間程度で終了できる分量であることと、あまり読むことのない珍しさが大きな理由だ。つまり、あまり深い意味はなかったのである。今回のレポートは、「源氏物語で何を教えるか」という大きな課題があるのだが、結局のところは「授業」をするしかない。その授業の中で、何が出来るかを考えてみようと思った。

二、「あやしきうたたね」（初音）の授業

①教材

――光源氏三十五歳の秋、新邸六条院が完成した。壮麗な邸宅は四季の調和に基づいて設計されており、そこには紫上・花散里・秋好中宮（光源氏の養女、冷泉帝中宮）・明石御方が迎えられた。翌年元日、光源氏は六条院で初めての正月を迎え、女性たちの住まいを訪れる。――

> 暮れがたになるほどに、明石の御方に渡り給ふ。近き渡殿の戸押し開くるより、御簾の内の追風、なまめかしく吹きにほはして、ものよりことに気高くおぼさる。さうじみは見えず。いづらと見回し給ふに、硯のあたり、にぎははしく、草子ども取り散らしけるを、取りつつ見給ふ。唐の東京錦のことごとしき縁さしたるしとねに、をかしげなる琴うち置き、わざとめきよしある火桶に侍従をくゆらかして、物ごとにしめ

たるに、衣被香の香のまがへる、いと艶なり。手習ひどもの、乱れ打ち解けたるも、筋かはり故ある書きざまなり。ことごとしく草がちなどにもざれ書かず、目やすく書きすましたり。小松の御返りを、珍しと見けるままに、あはれなる古言ども、書き交ぜて、

「めづらしや花のねぐらに木伝ひて谷の古巣を問へるうぐひす

声待ち出でたる」などもあり。「咲ける岡べに家しあれば」など、引き返し慰めたる筋など書き交ぜつつあるを、取りて見給ひつつ、ほほゑみ給へる、恥づかしげなり。筆さしぬらして書きすさみ給ふほどに、ゐざり出でて、さすがに自らのもてなしは、かしこまりおきて、目やすき用意なるを、なほ人よりはことなりとおぼす。白きに、けざやかなる髪のかかりの、少し、さはらかなるほどに薄らぎにけるも、いとどなまめかしさ添ひて、懐かしければ、新しき年の御騒がれもやと、つつましけれど、こなたに泊まり給ひぬ。なほおぼえことなりかしとかたがたに心おきておぼす。南のおとどには、まして目覚ましがる人々あり。まだあけぼののほどに渡り給ひぬ。かくしもあるまじき夜深さぞかしと思ふに、名残もただならず、あはれに思ふ。待ちとり給へる、はた、なまけやけしとおぼすべかめる心のうち、はかられ給ひて、「怪しきうたた寝をして、若々しかりけるいぎたなさを、さしも、驚かし給はで」と、御気色とり給ふもをかしう見ゆ。ことなる御いらへもなければ、煩はしくて、空寝をしつつ、日

高く大殿籠り起きたり。

②教材の解釈

今までに源氏物語を授業で扱ったことは何度もあるが、「初音」は初めてであった。内容を深く吟味した上で選んだというわけではなかったのだが、一読してみるとなかなか優れた文章であることがわかる。

夕方になって光源氏が明石上の住まいにやって来た。戸を開けると、素晴らしい薫き物の香りに迎えられる。本人の姿は見えず、源氏は部屋を見渡してみる。趣味のよい調度品の数々が目に入る。そして、光源氏は明石上の見事な手筋で書かれた紙片を取り上げて見るのである。〈嗅覚〉と〈視覚〉を意識した書き出しである。光源氏が手に取った紙片には、明石上の姫君に対する思いが綴られている。光源氏がその紙片を目にし、手慰みに筆をぬらしているところへ本人が登場する。このタイミングも見事である。光源氏は今さらながらに明石上への思いが格別であることを思い知り、紫上の嫉妬が頭をかすめるが、結局その夜は明石上のもとで一夜を過ごしてしまう。

優れた文章であるというのは、〈嗅覚〉や〈視覚〉を意識した文章や構成もさることながら、源氏・明石上・紫上の三者の思いが絡まり合うドラマになっているという点である。

授業においては、この三者の思いを読み取ることが目標になるだろうが、さらに光源氏と明石上の思いに注目したい。光源氏が明石上の書き散らした紙片を手にとって「ほほえみ給へる」とあるが、それはどのような「ほほえみ」なのか。つまり、光源氏は明石上の思いを本当に理解したのかという点である。

また、光源氏が紫上の嫉妬を想像しながらも、明石上のもとに泊まってしまう心の動き、そのことによる波紋はイメージ豊かに読み取りたい。それが古典を身近なものに引き寄せ、面白さを味わうことにつながるであろう。

③一時間目の授業

先に述べたように、一年次で「桐壷」を読んでいるので、作品解説は最小限のものにした。確認である。この時間の中心は、明石上や紫上がどのように登場してきたのかという「あらすじ」に置いた。

古典であれ、現代文であれ、長編の一部だけを扱うというのは教科書教材の宿命である。一つの材料に絞るという実践も考えられないわけではないが、現実的には難しい。かといって、作品解説に時間を費やしたとしても、その作品が分かったということにはならないだろう。「源氏物語で何を教えるか」というテーマには、長編をいかに扱うかという問題も含まれている。

そこで、考えたのは「一部しか読むことが出来ないなら、一部を深く読むことで全体への興味をつなげる」ことしかないだろうということだった。「初音」に必要な知識は与えなければならない。しかし、全体を説明することはない。「初音」に至る最低限度の知識をあらすじによって説明し、その上でこの場面をじっくり読もうというわけである。

〈展開〉

・全五十四帖
・平安時代中期の成立
・作者　紫式部
・「あはれ」の文学

Ⅰ　教科書の作品解説を読み、右記の点について板書した。

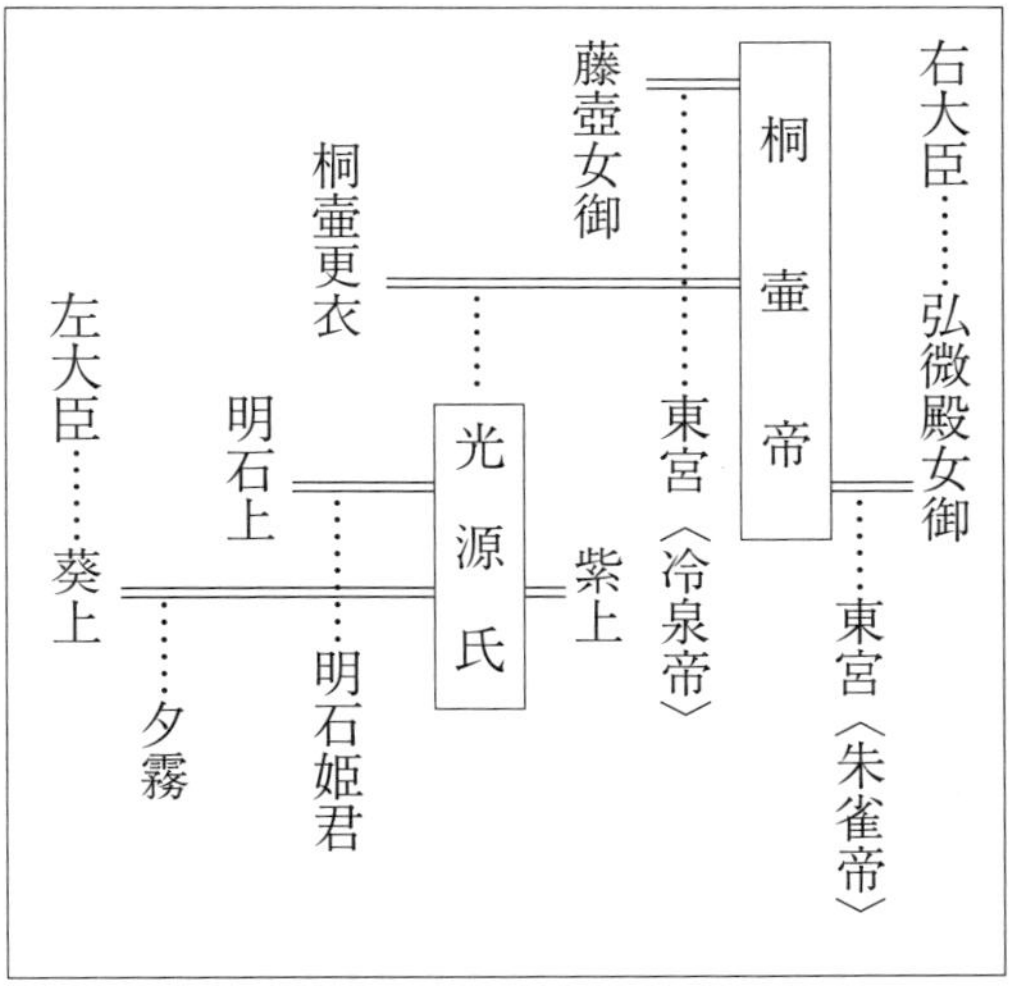

Ⅱ　「初音」までのあらすじ

黒板に、まず桐壺帝、桐壺更衣、光源氏だけを書き、ここから右記のように人物を記入しながら、「あらすじ」を説明した。もちろん「あらすじ」の中心は紫上、明石上の登場である。そして、現在明石姫君が紫上のもとで育てられていることを付け加えた。

Ⅲ　「六条院」についての説明

教科書の六条院復元模型の写真、また便覧の説明図をプリントで確認した。プリントの四町（二五二メートル四方）とは、ちょうど勤務校である札幌西高の敷地に相当することも説明した。

Ⅳ　音読（氏名読み）

④二時間目の授業

暮れがたになるほどに、明石の御方に渡り給ふ。近き渡殿の戸押し開くるより、御簾の内の追風、なまめかしく吹きにほはして、ものよりことに気高くおぼさる。さうじみは見えず。いづらと見回し給ふに、硯のあたり、にぎはしく、草子ども取り散らしけるを、取りつつ見給ふ。唐の東京錦のことごとしき縁さしたるしとねに、をかしげなる琴うち置き、わざとめきよしある火桶に侍従をくゆらかして、物ごとにしめたるに、衣被香の香のまがへる、いと艶なり。手習ひどもの、乱れ打ち解けたるも筋かはり故ある書きざまなり。ことごとしく草がちなどにもざれ書かず、目やすく書きすましたり。

※傍線部は脚注あり。

指導書では、「明石上は光源氏の心をとらえるために、いわば最大限の演出効果を発揮すべく工夫をしている」とあるが、この場面だけで「心をとらえるため」と読み取るのは難しい。しかし、格別な風情があるのは読み取れる。それは、明石上の趣味のよさということであろう。また、表現についても言及しておきたい。

〈展開〉

Ⅰ　音読（指名読み）

Ⅱ　現代語訳

T　それでは訳していきましょう。「暮れ方」っていつ頃？

S　夕方。

T　そう。じゃあ、続けて。

S　夕方になる頃に、明石の御方に渡りなさる。

T　「明石の御方」は人名だから、明石の御方の……。

S　ところに……。

T　そうだ。で、誰が「渡りなさる」の？

S　光源氏。

T　そうだね。つまり、「夕方になる頃に、光源氏が明石の御方のところに渡りなさる」わけだ。「渡りなさる」というのは、言い換えると……、要するに……。

S　いらっしゃる。

右のようなテンポで現代語訳を行う。特に波線部の意味を確認しながら訳を進めた。多少、現代語にしにくい言葉や意味の分からない言葉もあるが、要するにどういうことを言っているのか、どういう状態なのかと、問答を通してイメージをつくり上げながら進めようというのである。訳は出来たが、何を言っているのか分からないというのが、古典離れを生むとも言える。

夕暮れになる頃に、（光源氏は）明石の御方のところにいらっしゃる。（部屋に）近い渡り廊下の戸を押し開けるとすぐに、御簾の中からの追い風が、（薫き物の香りを）優美に吹き匂わして、（普通の）ものより格別に気高く（光源氏は）お思いになる。本人は（姿が）見えない。どこにいるのかと見回しなさると、硯の辺りに（書き散らした紙が）にぎやかで、冊子などが取り散らかしてあるのを、手にとっては御覧になる。唐の東京錦で大仰なへりを付けた敷物に、趣深げな琴を置き、格別に趣向をこらした火桶に侍従をくゆらして、どの物にもたきしめた上に、衣被香の香りがまじっているのが、たいそう優雅である。稽古した習字のあれこれと無造作に書き散らした文字も、書き方の手筋が変わっていて趣ある書き方である。おおげさに草仮名を多くなどと気取って書かず、見苦しくなく書き上げている。

右のように現代語訳を終え、次のような確認を行った。もっとも、こういう確認は蛇足の感がある。場面をしっかりイメージさせて現代語訳を行えば、このようなだめ押しは必要ないのだろうが、どうしても確認しておきたいという気持ちが働くのである。あまり意味のある問答ではないようだ。

T　光源氏が明石の御方のもとにやって来た。そこで、まず源氏を迎えたのは……。

S　薫き物の香り。

T　うん。まず薫き物の香りが源氏を迎えたわけだ。そして、本人はいない。周囲を見回す源氏の眼に入ったのは……。

S　書き散らした紙とか、冊子。

T　それだけ。

S　ああ、唐の東京錦の敷物や琴、火桶。

T　そして、最後に目を留めたのは……。

S　明石の御方が書いた習字の紙。

T　そう。嗅覚・視覚を意識した書き方だね。全体を通して、源氏はどんな印象を受けているの？　もちろん……。

S　いい印象。

T　どういう風に？

S　……。

T　文章に沿って言うと……。

S　何か…普通じゃない。格別な感じ。

T　うん、そう。明石の御方の趣味の良さを示しているようだね。

⑤三時間目の授業

> 小松の御返りを、珍しと見けるままに、あはれなる古言ども、書き交ぜて、「珍しや花のねぐらに木伝ひて谷の古巣を問へるうぐひす声待ち出でたる」などもあり。「咲ける岡べに家しあれば」など、引き返し慰めたる筋など書き交ぜつつあるを、取りて見給ひつつ、ほほゑみ給へる、恥づかしげなり。筆さしぬらして書きすさみ給ふほどに、ゐざり出でて、さすがに自らのもてなしはかしこまりおきて、目やすき用意なるを、なほ人よりはことなりとおぼす。

光源氏と明石上の交流を理解するには、ここが一つのヤマになる。「珍しや」の歌、「声待ち出でたる」「咲ける岡べに家しあれば」などから、まず明石上の心情を読みとりたい。

そして、「ほほえみ給へる」光源氏の心情を想像する。古典を現代小説風に読み取るのである。

〈展開〉

Ⅰ　音読（指名読み）

Ⅱ　現代語訳

「小松の御返り」については、脚注で次のように説明している。「娘の明石姫君から贈られた和歌の返歌。明石姫君は実母と別れ、紫上に養育されている。」明石の御方の姫君が紫上のもとにいることは、一時間目の〈あらすじ〉の中で説明しているが、ここで明石の御方と姫君の間で先にかわされた歌を紹介した。

A	年月をまつにひかれて経る人に今日うぐひすの初音きかせよ
B	ひき別れ年はふれども鶯のすだちし松のねを忘れめや
C	珍しや花のねぐらに木伝ひて谷の古巣を問へるうぐひす

Aの歌が正月の今日、明石の御方から姫君の元に届けられたものである。姫君のところでこの歌を目にした光源氏は、「この御返りは、みづから聞こえたまへ、はつねをしみ給ふべき方にもあらずかし、とて御すずり取りまかなひ、書かせたてまつられせ給ふ」ので

あった。

その姫君が自ら書いた歌がBであり、つまり「小松の御返り」である。そして、Cの歌となるのである。以上、板書の上で説明し、A、Bの歌を次のように解釈した。そしてCの歌である。

A　長い年月を松（の成長を待つこと）に引かれて過ごす私に、今日は鶯の初鳴きの声（のようにあなたの声）を聞かせてください。
B　離れ離れになって年月は過ぎましたが、鶯が巣立ちした松の根を忘れるものだろうか、いや忘れはしない。

T　Cの歌には句切れがあるね。何句切れ？
S　一句。
T　うん。それを初句切れというのね。この「や」は疑問ではなさそうだ。「珍しいことよ」とでも訳したらいいね。じゃあ、あと直訳してごらん。
S　珍しいことよ。花のねぐらに木を伝って谷の古巣を。
T　「問ふ」というのは「問かける」という意味だけじゃないよ。「訪問」（板書）と言うでしょ。

S　訪ねる。

T　そう。谷の古巣を訪ねるうぐいすがいる。直訳したらそうなるね。そこで、教科書の脚注に「『花のねぐら』、『谷の古巣』『うぐいす』がそれぞれ指すものに注意」とあるけれど、それを考えてみよう。Ａ・Ｂの歌を参考にすると分かり易い。まず、「うぐひす」は？

S　姫君。

T　じゃあ、「花のねぐら」と「谷の古巣」は何を指すの？

S　「花のねぐら」が紫の上のところで、「谷の古巣」が明石の御方のところ。

T　そうだね。具体的に何を指すかと言えばその通りなんだけど、「花のねぐら」に「谷の古巣」という「花」と「谷」の例えは何を表しているんだろうね。一方は「花」で、一方は「谷」だと言うんだから……、そう考えると「花のねぐら」というのはどういう印象がある？

S　華やかな感じ。

T　それに対して「谷の古巣」は？

S　華やかさに対して、何か……寂しい感じ。

T　うん。考えられるね。

「咲ける岡べに家しあれば」については、脚注にある『梅の花避ける岡べに家しあればともしくもあらずうぐひすの声』（古今和歌六帖第六）を踏まえる。姫君の住まいの近くにいるから自分は寂しくないの意」とある。

姫君から贈られた歌の返歌を、「珍しい」と見たままに、親子の情愛をしみじみと詠じた古歌などを混ぜて書き、珍しいことよ。花の寝床から木を伝って谷の古巣を訪れる鶯のように、義母紫上のところから実母の私のところへお便りをくださった姫君であるよ。

「声を待ちかねた」などともある。「花の咲いている岡のほとりに家があるので（寂しくはない）」などと、うって変って（自分を）慰めていることなどを交ぜて書いているのを、（源氏は）手をとって御覧になりながら、ほほえみなさっている様子は、気が引けるほど立派である。（源氏が）筆を濡らして書きちらしなさるうちに、（明石の御方が）ひざをつけたまま進み出て、気品高く住んでいると言ってもやはり自分の振る舞いは慎み深くて見苦しくない心掛けであるのを（源氏は）「やはり他の女性よりは格別である」とお思いになる。

T 「珍しや」の歌、「声待ち出でたる」「咲ける岡べに」などから、明石の御方のどんな気持ちがうかがえる？

S　待っていた手紙が来てうれしい。

T　うん。うれしいという気持ちね。「咲ける岡べに」からは？

S　寂しさを隠してる。

T　隠してる？　じゃあ、本当は？

S　やっぱり、寂しいから一緒に住みたい……。

T　うん。そうだろうねえ。前にも話したけど、身分の問題があるから、そうは出来ないわけだ。だから、自分を慰めているわけだね。ところで、明石の御方の書いたものを見て、源氏は「ほほゑみ給へる」とある。これはどういう「ほほゑみ」なんだろうか？

S　なんか、ほほえましいっていう感じ。

T　ほほえましいって？

S　母子（おやこ）のやりとりを見て。

T　なるほど。あなたは？

S　安心してる。

T　安心？

S　明石上の方が「仕方がない」って思ってる……。

T　ああ、なるほど。そういう意味で安心してほほえんでいるんだ。

Ｓ　安心っていうか、自分を慰めている明石の御方の気持ちを理解して、そのやさしさにほほえんでいる。

Ｔ　ああ、そうすると、源氏は明石の御方の「娘と一緒に住みたい」という気持ちも理解しているのかな？

Ｓ　それは……。

Ｔ　そこはどうなんだろう。「安心」というなら、本当は一緒に住みたいという気持ちを理解した上での「ほほえみ」と考えられるだろうし、「ほほえましい」というなら明石の御方の本当の気持ちは通じてないと考えられるね。

Ｓ　やっぱり、何も感じてないとは思えない……。

Ｔ　源氏が。そうなると、「咲ける岡べに」が決め手になるかな……。

時間切れである。授業者としては、源氏が明石上の心情を理解しているとは思えなかったのだが、結果的には「咲ける岡べ」の句をもとに、理解しているという終わり方になってしまった。どちらにしても、やや決め手に欠くところかもしれない。

⑥四時間目の授業

白きに、けざやかなる髪のかかりの、少し、さはらかなるほどに薄らぎにけるも、いとどなまめかしさ添ひて、懐かしければ、新しき年の御騒がれもやと、つつましけれど、こなたに泊まり給ひぬ。なほおぼえことなりかしと、かたがたに心おきておぼす。南のおとどには、まして目覚ましがる人々あり。まだあけぼののほどに渡り給ひぬ。かくしもあるまじき夜深さぞかしと思ふに、名残もただならず、あはれに思ふ。待ちとり給へる、はた、なまけやけしとおぼすべかめる心のうち、はかられ給ひて、「怪しきうたた寝をして。若々しかりけるいぎたなさを、さしも驚かし給はで」と御気色とり給ふもをかしう見ゆ。ことなる御いらへもなければ、煩はしくて、空寝をしつつ、日高く大殿籠り起きたり。

ここでは紫上が登場し、源氏、明石の御方と三者の心情が描かれる。内容を分かり易くするために、あらかじめ心情が述べられている箇所を見つけ、誰の心情かを確認させた。「新しき年の御騒がれもや」「なほおぼえことなりかし」「かくもあるまじき夜深さぞかし」「なまけやけし」などである。そして、次のア～エの点に留意しながら現代語訳を行った。特にアとイにおいて、源氏の思い、明石上の思いを読み取りたいと思ったのである。

〈展開〉

Ⅰ　音読（指名読み）

Ⅱ　現代語訳

ア「新しき年の御騒がれもや」と思いながらも、源氏が「こなたに泊まり給ひぬ」のはなぜか。

イ「あけぼの」を、明石の御方が「夜深さぞかし」と言っているのはなぜか。

ウ「驚かし給はで」の後の省略について。

エ「御気色」は誰の気色か。

ア（答）直接の理由は、明石の優美さに心ひかれたからであるが、その前段にあった、光源氏が明石上を格別に思う気持ちも理由となるだろう。

イ（答）「名残もただならず」が理由になるだろう。名残惜しいから、明石上にとってはまだ「夜深さ」のなるのである。この辺の気持ちは生徒にも理解出来たようである。

ウ（答）「起こしてくださらないので（泊まってしまったよ）。」つまり、言い訳しているのだ。生徒の感想にも出てくるが、こういう場合の言い訳というのは、今も昔もそう変わらないようである。

エ（答）「御気色とり給ふ」の「とり給ふ」で分かる。機嫌をとるのであるから、もちろん紫上である。

白い着物に鮮やかな髪がかかっているのが、少し、本数が多くなくてさっぱりしているくらいに薄くなってしまっているのも、いっそう優美さが加わって心ひかれるので、「新年早々（紫上の）嫉妬をかうことであろうか」と、気がひけるけれど、こちらに泊まりなさった。「やはり（明石の御方への）寵愛は格別であるよ」と他の女性たちに遠慮しながらお思いになる。紫上の方には、まして気にくわないと思う女房たちがいる。まだあけぼののうちに、（紫上の方へ）いらっしゃった。「こんなに早く帰らなくてもよい夜深さであるよ」と思うにつけても、名残は普通でなく、しみじみと思う。待ち受けなさっている（紫上の方でも）、また、少し気分を害するとお思いになっているにちがいない心の内を、（源氏は）自然と推し量りなさって、「妙なうたた寝をして。若者のように寝込んでしまったのを、それ程にも、起こしてくださらないので（泊まってしまったよ）。」と（紫上の）ご機嫌をとりなさるのも面白く見える。各別お御返事もなかったので、面倒で、たぬき寝入りをしては、日が高くなって起き出しなさった。

三、おわりに

この授業で源氏物語の面白さを感じてもらえたかどうか、はなはだ心もとないが、それでもいくらかは現代小説を読むような、そういう雰囲気で内容を味わえたのではないかと思う。『源氏物語』は、もともと面白い作品なのである。その面白さが授業で生かせるかどうかが課題であろう。

「源氏で何を教えるか」というのが大きなテーマであるが「何を教える」と大上段に構えるほど『源氏』に精通しているわけではないし、研究してきたわけでもないのである。結局のところは授業をするしかないのだと思う。それが結論である。最低限の必要な知識は詰め込むとしても、一部分を丁寧に授業をすれば、その作品は生徒にとっても印象深いものになるだろうし、そこから興味がつながるかも知れない。その興味は長く続かなかったとしても、どこかで復活することもあると考えたい。授業者としては、作品の持っている面白さを損なわない授業を心掛けることが肝心なのだろうと、この授業を通して改めて感じた次第である。

また、進学校においては受験対策ということが授業の足枷になっている。問題練習を繰り返すより、教科書の教材をじっくり読む方が、国語としての必要な力を付けることになるだろうと思うのだが、現実的にはそう簡単にいかないのである。だとすれば、なおさらのこと一つの教材をじっくりやることが必要になるだろう。そうする中で、少しでも「受験のための古典」から「面白い古典」の授業にしていきたいものだと思う。
最後は、授業後に書いてもらって感想文のいくつか紹介する。

四、感想文

① 子を教育するために実の親子を引き離してしまわなければならないほど、日本の貴族社会は厳しいものだったのでしょうか。自分の娘を育てられない母親の苦しさはかなりのものだったでしょう。それを受け入れ、耐えることに努めた明石上の意志の強さは尊敬できるほどだと思いました。

② 時代の違いを感じる。概念というか、男性が平気で何人もの女性と関係をもってしまったり、出世のために子を親から引き離したりといった、当時を支配する思想を理解することはできない。この物語の規模の大きさは感じた。壮大だと思う。当時の人たちにとっては、憧れるべきものだったのかも知れないと思った。

③ 昔は一夫多妻制みたいな感じになっているようなので、夫の方も何人もいる愛人や妻のことを考えて行動しなきゃいけないし、女性たちもやきもちを焼いたり、焼かれたりして大変だと思った。普通だったら、好きになった男性のことを独り占めしたいとか思って、浮気をしたら怒ったり、嫌気がさしたりするだろうに、それでも源氏のことを好きだなんて、源氏はよっぽどいい男なんだと思った。あと、親が子を思う気持ちは今も

昔も変わらないんだと思った。

④　源氏物語は今まで教科書でしか触れていないので、詳しくはわかりませんが、光源氏に人間くささというのがあると思います。本妻である紫上のことを元旦から放っておいて、今一緒にいたい明石上のところに泊まるとこなどは、自分に正直な人だと思います。好き嫌いがわかれる人だと思いますね、光源氏は。

⑤　源氏物語は二年生の時に漫画で一度読んでから、人物背景が少しわかるようになって面白いです。明石上は娘と離れていてとてもかわいそうだけど、やっぱり紫上もかわいそう……。二人とも素晴らしい人なのに、源氏にひかれるのはやっぱり源氏がそれだけ素晴らしいのだろうけど。でも、今も昔も寝たふりをしたりとか、考えることは同じなんだなあと思いました。

⑥　当時の人の美意識が伝わってきて面白かった。薫き物にこだわりをもつところや、敷物の合わせ方などが本当に優雅で、源氏についてはあまり書かれていなかったけど、こんなふうにたくさんの女性を描くとは、紫式部は鋭い観察眼を持っていたんだなあと思った。

⑦　香のにおいや部屋の様子、明石上の容姿など、細かなところまで描写しているので、しみじみとした趣や風流さが、全体からとてもよく伝わってくる。考え直してみると、光源氏がほほえんだのも、手紙の内容いかんではなく、離れている母子がこうして手紙

のやりとりをすることに風流を感じたからかもしれないと思った。

⑧　去年、瀬戸内寂聴の『源氏物語』を全巻読んだ。だから授業は楽しかった。私は、初音あたりの話は、源氏が調子にのってるって感じで好きではない。若菜あたりから、波瀾万丈でいろんな人の心情が描かれていて、すごく面白いと思う。（あまり光源氏は好きではないから。）これからずっと源氏の授業でもいいっていうくらい、源氏物語は好きなのです。（宇治十帖はホントにドキドキだった）。

コメント

『源氏物語』で実は何も教えていない

笠原　肇

タイトルで思わずこう書いてしまったが、それは非難を意味しているわけではない。何も教える必要などないのである。私もながく源氏の授業などをやってきたが、考えてみたら解説と逐語訳ばかりやってきたという気がしている。東谷さんの授業もそうなっている。問題は、授業が楽しく、生徒も楽しく知的に鑑賞できる授業をどう構成するかということであろう。そのために必要なことは、教材自体がこまぎれなのに、さらにそれを小さく細分して重箱のすみをつつきまわすようなことをしないということであろう。

たとえば、「二時間目の授業」の最初の部分を見てみよう。

――暮れがたになるほどに、明石の御方に渡り給ふ。近き渡殿の戸押し開くるより、御簾の内の追い風、なまめかしく吹きにほはして、ものよりことに気高くおぼさる。さうじみは見えず。……（後略）

この文章で読みとるべきことは、「暮れがた＝夕がた」「明石の御方＝明石の御方のところ」「渡りなさる＝いらっしゃる」ということを理解することではないと思われる。こういう部分の解釈は教師がしてもよいし、よく出来る生徒にやらせてもよい。

「夕方、源氏が明石の君の部屋へ行ったんだが、近き渡殿の戸を開けたんだね。渡殿は渡り廊下と考えてよい。明石の君の部屋は戸のすぐ前かな？　それとも少し歩かねばならない場所かな？」

「御簾の内の追い風……って、部屋から廊下へ吹いて来る風？　それとも廊下から吹いていく風？」

「どうして、さうじみは見えずなのかな。」

記録の中にもあるように口語訳はつけられている。もちろん教科書には載っていないが、一応これくらいの訳はそれぞれ準備はしてきているだろう。それでも私なら、ここに書いたような質問を発するであろう。それは文学作品は想像力を高める作業をしなければ、どうしても楽しく読めるわけはないからである。

近くの渡殿の戸をあけたから、部屋は目の前にある、と字面で読んでも面白くない。多少薄暗い廊下を歩いて行くのではないか。するると、明石の部屋から上品な薫風が漂って来るのだ。御簾の内の追い風は、あたり前と考えたら、これも面白くはない。我々の感覚からすれば、渡殿の戸を開けて外の風を引き入れたのだから、廊下に入った風が部屋の中へ流れ込んで行くのだ、と考える生徒がいてもいい。そういう想像力が働くから面白いのである。またさうじみ（ご本人）が部屋にいないのは、一種の恋のかけひきでもあろう。

これは人間心理についての想像である。

第二にやるべきことは、簡潔で豊かな「語り」で注入（そそぎこみ）をしてやらなくては古典は面白くないということである。

たとえば「唐の東京錦のことごとしき縁さしたるしとねに」の部分を「唐の東京錦で大仰なへりを付けた敷物に」と口語訳が示されているが、これではよく分かるまい。しとねは現在の座布団に近いものかもしれない。「琴」は「七弦琴」という注もある。「ことごとくしく草がちなどにもざれ書かず」は発問にもなる。「どうして草仮名を多くするのは、気取っていることになるのかね？」

つまり授業者が教材に対面した時、あれどうして？ と感じたことをまず問題にし、それを調べることは勿論大切なことだが、もっと根源的に言えば、あれ、どうして？ を生徒と一緒に考えることなんだと思う。

東谷さんは私と一緒に仕事をしてきた人である。現在は札幌の進学校で受験指導で苦労している。受験だけに適合する授業ではなく、本質的な授業をしたいと思っているから、苦しいのである。

したがって、レポートにあるように教師が一方的に教え込む授業ではなく生徒にも発言させながら問答形式を採用しているわけだろう。だが、それで安心してはいけない。むしろこういう単調な問答形式は生徒に授業を忌避させてしまう要因になりかねない。受験体制の授業が学校の潮流であれば、それに乗ってどんどんやってかまわない。

ただ教授学で一つ違うところは、核心の部分で生徒をはっと覚醒させることなのだ。先の部分で言えば、私が感じた三つの発問のようなのを、ぽつんとはさみ込んでやる。そこで授業の流れを一時中断する。生徒にしてみれば調子よく流れていた授業のリズムを崩壊したと思うかもしれない。

でも、それが教授学の方法だと思ってもらいたいものだ。実際、語学などをやっていると、途中で余計な説明が入ったりすると実にいらつくものだ、という体験を私は最近している。

それでも私はあえて言いたいのである。授業を途中で止める勇気と横道に引きずり込める発問をこそ、一時間に一つか二つ用意すべきだ、ということを。

〈付記〉「『源氏物語』で何を教えるか」のレポートは、北海道国語教育フォーラム（通称「きさらぎ倶楽部」）という研究会のためにまとめたものであるが、その後、加筆の上で「事実と創造」第二二五号、第二二六号に掲載していただいたものである。また「事実と創造」への掲載にあたって、笠原肇さん（小笠原治嘉先生）にコメントを書いていただいた。

Ⅳ

模擬授業

「こども」（山村暮鳥）の授業

こども

ぼさぼさの
生垣の上である
牡丹でもさいているのかと
おもったら
まあ、こどもが
わらっていたんだよう

日　時　平成五年九月十八日（土）
場　所　ビーフハウス志摩

授業者　東谷一彦
介入者　小笠原治嘉
生　徒　A教諭（英語）、B教諭（国語）、C教諭（数学）　D教諭（数学）、E教諭（英語）、F教諭（数学）

東谷「はい、それじゃ始めます。えー今日は、この山村暮鳥の『こども』という詩で授業を進めていきたいと思います。まず、少し、二、三分でいいんですが、ご自分で読みの練習をしてみてください。大きな声でなくて結構ですから、小さな声で読んでみてください。はい、どうぞ」
〈各自、読みの練習を行う。〉
東谷「はい、二回は読めたと思いますので、それでは読めない漢字はないと思いますから、読んでもらいます。自分の思ったような読み方でいいですから、お願いします。はい」
〈A　朗読〉
東谷「なるほど。今、どこか切るところで意識したところはありますか」
A　「『おもったら』と『まあ』の間」
東谷「ああ、そうですね。『生垣の上である』の後もそうですか」

A　「詩でなくて散文だったら、ここで句読点が付くでしょうから」
東谷「なるほど。句読点が付くからということですね。では、読んでみてください」
〈B　朗読〉
東谷「はい。自分でどこか意識して読んだところ、意識して強調したところはありますか」
B　「どちらかというと、明るいムードの詩じゃないかと僕は思うので、その明るさが出るようにと思いまして、少し早めに、で『牡丹でもさいているのかとおもったら』というところは普通に喋っているような感じで、普通の会話のような感じで読んでみました」
東谷「はい、それではお願いします」
〈E　朗読〉
東谷「今のは、『さいているのかと』というところで間があったようですが」
E　「別に意識したわけではないんです」（笑）
東谷「ああ、そうですか。それ以外ではどうですか」
E　「『おもったら』というところで句切れると思いますね」
東谷「はい、じゃ、お願いします」
〈C　朗読〉

東谷「どこか、読みで意識したところはありますか」
C「特にないんですが、二つずつ切ったらいいんじゃないかと思ったんです」
東谷「それではどうぞ」
〈D　朗読〉
東谷「今の読みで、どこか気を付けたところは……」
D「そうですね。『生垣の上である』と『おもったら』に句切りがあると思いました」
東谷「じゃ、お願いします」
〈小笠原　朗読〉
東谷「今の読みで、今までの方と違ったのは、『生垣の……上である』と間をとってますね、これはどうしてなんですか」
小笠原「これは、リズムとして『ぼさぼさの』『生垣の』『上である』というのが問題になるでしょう」
東谷「ほかに意識されたところはありますか」
小笠原「『まあ』ですね。これはどういう『まあ』なのか」
東谷「今、一通り読んでいただいたんですが、句読点ということが出てきましたね。
　確かに散文の読み方で言うと、『上である』の後はマルを付けてもおかしくないところですね、また、『おもったら』の後も点がつけられますね。そこから大きく言えば、三つの部分から成っているとも言えますね。『ぼさぼさの生垣の上である』というのが一つ。『牡丹でもさいているのかとおもった』ことが一つ、そして『まあ、こどもがわらっていたんだよう』と。さあ、それでは最初の二行をもう少しよく見てみましょうか。『ぼさぼさの生垣の上である』。『生垣』というのはどういうものですか」

A　「えー、草木で作った垣」

東谷　「どういうものをイメージしますか」

A　「あまり高くない……子どもの頭が見えるくらいの、びっしり生えているのかな、という感じ」

東谷　「ああ、なるほど。生垣というのは最近あまり見かけないですよね。ブロックのものとか多いですからね。木やなんかで作ったものだということ。ところが、『ぼさぼさの』生垣とありますよね。これは、どんな状態だということでしょうね」

B　「うーん、比較的だらしなくしているということか、もしかしたら季節……、季節のせいじゃないのかもしれないけど葉の部分が少なくなっていて、木が出ているのかなとか、二つ考えられます」

東谷　「なるほど。『ぼさぼさの』生垣ですよね。例えばテレビのコマーシャルでもありますよね、生垣をきちんと揃えようと思って切っているうちに、段々低くなっていって、とうとう生垣がなくなってしまうなんていうのがありましたが……、この場合は手が入っていない、きちんと刈られていない、そんな生け垣で、そのぼさぼさの生垣の『上である』。この場合の上というのは、上にのっかっているというわけじゃないですよね。生垣の上に見えているということですね。次に、『牡丹でもさいているのかと』と、牡丹が出てきますね。牡丹って、どんな花か思い出せますか」

C 「よく分からないけど、大きめの、明るい感じの花……」

東谷 「なるほど」

D 「ピンク、赤という感じが浮かんでくるね」

東谷 「牡丹の花のイメージとして、どうですか」

小笠原 「うーん、よく分からんね。つまり、ここでは牡丹が咲いていたのか、いないのか、ということでね、牡丹はないんだよね」

東谷 「この場合は『牡丹でもさいているのかとおもったら』とありますから、何かわからないが、牡丹が咲いているように見えたということで、牡丹が咲いているのではなかったということですね。牡丹がどういうイメージを持つ花かということですね。そうすると今出てきた中では、大きくて、華やかと言っていいかどうか、でも

A　そんな感じがあるんでしょうね。どうでしょうか」

「あの、花がかなり大きいんだと思うんですね。なんか小説なんかでは、神経がとんがっている時は牡丹の花がポタっと落ちるのがすごく大きく響くというくらいだから、大きな花なんだと思うんです」

東谷　「見舞いに行く時は牡丹の花を持って行っちゃいけないということですか。（笑）よく言われるのは、女性を表すのに、『立てばシャクヤク、座ればボタン、歩く姿はユリの花』ですね。そういうのから言えば、美しさとして表される花だということですね。そういう感じがしてきますね。さて、作者が『牡丹でもさいている』と述べているのは、これはかなり明るい、美しいイメージで述べているととらえていいんじゃないでしょうか。次に、『まあ』と出てきますが、これはどのようにとらえたらいいんでしょうかね。いろんな場面で『まあ』という言葉を使いますが……」

E　「自分が最初に思ったのと違ったという驚き」

〈板書〉「驚き」

東谷　「どうですか」

B　「ちょっとひねくれた言い方なんですが、まさか子どもが笑っている顔と牡丹を間違えるわけがないと思うんです。で、『牡丹でもさいているのか』と前で言っているわけですが、これは子どもが笑っている様子をいかに表現したかったかということで、これはそういうわざとらしいことを言いたいくらいすごいんだよ、ということを言いたかったんじゃないか、強調しているということで受け取ったんです」

〈板書〉「すごい（強調）」

東谷「わざとらしいくらいすごいんだということですね」

C「まあ、というのは二つあると思うんです。最初思ったのよりよかったというのと、がっかりしたということで、この場合は予想よりよいという驚きを表して、さらに自分にとってうれしいという気持ちを表していると思うんです」

〈板書〉「うれしい」

東谷「驚きとともに、その驚きはうれしいということ」

D「うーん、まあ似たようなことなんだけど、おそらくね生垣があって、その前に庭のようなものがあって、そこで子どもが遊んでいたんだと思うんだよね。で、チラと子どもの顔が見えた時に、その笑顔がすごくほほえましいというか、健康な感じがしたんだと思うんだよね。で、今Bさんが言ったように、どう表現したらいいのかというところで、『牡丹でもさいている』と言ったんだと思うんだよね」

小笠原「授業者にね。今Dさんが言ったんだけどね、位置関係をはっきりさせなきゃね。そこのところが問題なんでね。そこを明確にしたい」

〈小笠原　板書〉

小笠原「この位置関係をイメージしないと、『まあ』は出て来ないですよ」

東谷「じゃあ続けましょう。先ほどの、Dさんから……」

D　「僕のイメージはA説さ。突然ポッと見えたわけだから。Bでいけばズーッと見えているわけでしょ。子どもが遊んでいるというのは、このイメージからいけば庭で遊んでいるわけ。作者は動いているんだね。だからC説でもない。作者は歩きながら見た、だから僕はA説」

小笠原「さっきBさんの発言の中で、子どもと牡丹は絶対間違うはずがないんだ、という発言があったでしょ。ただB説でいけば間違うはずあるよな。すると、B説は充分根拠あるわけだ」

B　「うーん、僕も初めは素直にA説だったんですが、通りを歩いていたら子どもが遊んでいた、で、首が出ていた。本当に明るくて健康的なのを見て、ああ可愛いなというのがその表現になっていったんじゃないか……。瞬間的に思ったんじゃなくて、可愛いなと思っていってこの詩の表現になったんじゃないか」

東谷　「なるほど。どうでしょうか」

Ａ　「うん、Ｃは違うと思うんです。自分の庭だったら牡丹があるかどうか分かるはずですし、ＡかＢか……、ぼさぼさというのがひっかかるんだけど、あまり立派な家じゃないですよね」

東谷　「それが位置関係と関わってくるということですか」

Ａ　「いや、どうだろう……」

東谷　「じゃ、聞いてみましょう」

Ｅ　「あまり深く考えてないけど、イメージからすると、Ｄ先生がおっしゃたＡかなと思います」

東谷　「Ｃ先生どうですか」

Ｃ　「単純にＡかなという気もするんだけど、ＡでもＢでもいいんじゃないかな。Ａでいけば、歩いていると何だかぼさぼさの生垣だなと思っていたのが、もっと見えてきて、次の瞬間にもっとよく見えてきた。Ｂでいっても最初に見えてきたのはぼさぼさの生垣で、正面で見ているか横から見ているかの違いで、まあ書いた人はどちらかなんだろうけど、どちらとも考えられるんじゃないか」

東谷「今、A説、B説それぞれ出て来たんですが、どちらともとれると……」

C「どっちか選べと言われればAかな。（笑）子どもが笑っていたという感動ということなら、Aだと思う」

東谷「なるほど。Cというのは先ほど否定されましたが、これはどうでしょう。ある、と考える人はいませんか」

B「僕は家の中とは思わないけれども、自分が自分の家の庭に立って外を見ていた。その時にふっと子どもの顔があったということでは考えられるんですが……。ここで一つ、子どもと言ってもどのくらいの子どもかということで違ってくるんじゃないか。赤ちゃんだったら外から見てということでしょうし、また小学生くらいだったらどっちも成り立つだろうと思うし」

東谷「さて、A説が多いようですが、C説もはっきり否定出来ないようですね。作者が一体どこにいたのか、という手がかりがこの中にあるでしょうかね」

小笠原「僕はね、C説は否定する根拠はあると思う。なぜかと言ったら、『ぼさぼさの生垣』とは、自分の家の生け垣のことを言わないんじゃないの」

C「C説もあるだろうと思ったんですけどね。『そう言えば垣根の手入れしてないな……』と」（笑）

小笠原「いや、それだったら『手入れのしていない生垣である』とか書くんじゃない」

C　「うーん、子どもが垣の外から歩いて来た……。そして中を見た」

小笠原「それは有り得るね。僕はD説」

〈板書〉

小笠原「山村暮鳥という人は病気がちでね、家からあまり外に出なかったという事実もあるから、垣根の中からではなくて、外から見ていたという説も考えられる」

東谷「ああ、なるほど」

小笠原「それを、この文章の中から潰せるかどうか」

東谷「さあ、D説というのが出ましたね」

A　「DじゃなくてBなんですけど、子どもが笑ったと言ってもずっと口をあけて笑っているのは変なんで、Bだと遠くから見えたわけですよね。近づいてようやく気付いたというのは時間が経過しているわけで、笑っているのはほんの数秒のことだと思いますから、Ｂというのは変だなと思います」

東谷「Ｂ説として、こちらから近づいた場合、時間の経過がある。それと、この表現は合わないいんじゃないかということですね。さきほどＢ説を出された方、どうですか」

Ａ「小笠原先生かな」

東谷「ああ、そういうことも考えられるということでしたね」

小笠原「まあ、そんなに時間の経過があるわけじゃ……。ああ、それで次の問題として遠くから近づいて行ったのか、それともそんなに垣根から離れてないのか。それから、子どもの顔が大きく見えたのか、小さかったのか。こういう問題が出てくるでしょう。そこらへんから攻めていったら……。もう一つ言えば、作者は歩いて行ったのか、乗り物で行ったのか、ということもあるでしょ」

東谷「じゃあ、作者の状態ですね。さて、最後の作者が乗り物に乗っているというのは否定出来ますかね」

Ｂ「車に乗っている時に、子どもが笑っているとか、そこまで見ないいんじゃないですか」

東谷「そうですね。近い、遠いは別にしても……、突っ立っているということは考えられますか」

B　「考えられると思います」

D　「いや、はっと気がついたというイメージがどうしてもあるからね。動いていたんだと思うんだ。僕ね、ちょうど自分の家からホームストアへ買い物に行くんだけどさ。おんなじような生垣があって牡丹が咲いている家があるんだよ。牡丹じゃないか、何か綺麗な大きな花ね。そこはきれいに刈り込みしてるんだけども、そういうイメージからいくとね、作者はゆっくり歩いて行くという感じがするんだけどね」

東谷　「どちらからということは別にしても、歩いているというのは間違いないんじゃないかと思いますね。歩いてるとした場合、C説ですね。家の中をたまたま歩いていて見つけたというのはどうでしょう。可能性としてどうでしょう」

小笠原　「うーん、C説、D説というのは潰れるね、A説かB説だね。ABに絞ってさ、それでもう少し出してみたら」

東谷　「はい、それじゃあ、そこで、作者が近いのか遠いのかで考えてみましょう。この言葉の中から手がかりがあるでしょうか」

D　「子どもが笑っていたというのが見えているんだから近くじゃないと……うん」

東谷　「先ほどAさんの話もありましたが、時間の経過があるとか……」

D　「ぼさぼさの生垣とかね。遠くからだったら、さーっと見えちゃうじゃない」

東谷「それとか、思いがけず見えたというのが納得出来るところですよね、そうすると、近いところ、歩いているというA説あたりに落ち着きそうですね。さあ、そうすると、作者の位置関係をそこに置いて、もう一度『まあ』というところを見てみましょうか。この『まあ』というのは作者のどういう気持ちを表しているんでしょうか。さあ、どうでしょうか」

A「驚きでもいろんな言い方がありますよね。おや、とか……」

東谷「ここまで出しちゃうと、『まあ』というのはもう問題としては意味がなくなっちゃいますかね」

小笠原「いや、あのね、最後の『……よう』という、そこなんだ。『よう』というのは誰に言っているのか。そこを合わせて考えると分かってくるんじゃない」

東谷「そうですね。もう一度、見てみましょう。『わらっていたんだよう』とあるけれども、『わらっていたんだ』でもいいわけですよね」

D「『わらっていたんだよ』でもいい」

東谷「ところが『わらっていたんだよう』となっている。さあ、これが『まあ』という言い方とつながって……、どういう気持ちか」

B「うーん、『よう』というのは気になっていたんですけど、やっぱり呼びかけているんだと思いますね」

小笠原「誰が、誰に」

B「そこが……、問題なんですけどね」

小笠原「そこを考えてみるといいね。誰に呼びかけているのか」

B「自分で、驚き、嬉しさがあって、その自分に対して言い聞かせているのがあるのかな」

小笠原「自分が自分に、それがA説」

F「確かに牡丹が咲いているというのを、びっくりしているということで言えば、やはり『よう』というのは奇異に感じていて、よく考えてみたら『まあ』とつながっていていいのかな……。ただ、この言いかけは、自分より他の人だろう……」

東谷「そうすると、作者が一人で歩いていると考えていたわけですが、一人じゃない、ということも考えられますね。そして、自分の見つけたことを……」

小笠原「それは、一緒にいた人は見てるんだから……、否定されるな。B説というのはすぐに出ると思うんだ。作者がそれを見てきたのを、家に帰って家族に話した。さっき散歩してたら子どもが笑っていたんだよう、となるわけでしょ。自分に言い聞かせるなら、まあ子どもが笑っていたんだ……となるしさ。それB説さ」

C「まあ、自分にっていうのと、小笠原先生が言ったのと……。うーん、僕だったらそういうことは自分の家族に言わないだろうな……」(笑)

D　「僕はこういうふうに考えるな。『よう』というのは『逍遥』の『よう』さ。ふらふら歩く。人生は『逍遥』のようなものでね、結局、ふらふら歩いているんだけど、すごい子どもの健康な顔とか、新しい発見とか、そういうことがふっとした時にあるんだなと感じられる、そんな自分。健康な状態を長くもちたい、健康なんだというのを確認している……」

東谷「ああ、自分にということですね」

小笠原「うーん、それはすごい。それは、確認すると、どちらかと言えば、A説だな」

D　「ちょっと牽強付会だけどな」（笑）

東谷「C説はどうですか」

小笠原「うん、C説はね、家族がね、作者に。家族の誰かが作者に言っている。どうですか」

東谷「このC説はどうですか」

B　「D説。さっきのA説に近いんですけど、対象を誰とは固定出来ないけど、まあ喜んでいるとか、嬉しいというのが詩の中から漂ってくるんで、生けとし生けるものの喜びの表現、伝えたい……」

東谷「誰に」

B　「誰でもいいんです。存在する全ての者に。嬉しいんだよ、と伝えたい」

東谷　「さて、ＡＢＣＤと出てきたんですが、どうですか」

Ａ　「あの、Ｃのバリエーション。さっき、小笠原先生が作者は病弱だと言ってましたよね。で、目も悪いんじゃないか。赤いものが見えて、奥さんか誰かに、牡丹が咲いてると言ったら、いやあれは子どもですよ、と言われた。そこで、驚いた。そこで、前までは沈んでいた、命のはかなさというか、あの牡丹が落ちたら自分の命も……、と思っているところに、子ども、これから生きていく生命力みたいなものを感じた」

東谷　「うーん、テーマに踏み込んできましたね」（笑）

Ｄ　「小説でいくとね、この詩はね、ここがポイントだね。『こどもがわらっていたんだよう』。あとはくっつけたのさ。エッセンスは『こどもがわらっていた』のを私は見た」

東谷　「なるほど。じゃあ、その子どもの笑いが何を表しているのか」

Ｄ　「純粋無垢な子どもの笑い」

小笠原「いや、ほんとです。そこでね、これでもうこの詩の理解は終わったんですよ。だから、作者はどういう状況でこの情景を、見る前と見た後、どういうふうに変わったか。それで、この詩はほとんど言い尽くされると思うんです。それで、どういう状況で歩いていたのか、想像してみる。で、『こどもがわらっていたんだよう』

という言葉が出てきた時にどういう気持ちだったのか。これが分かればいいんじゃないか」

東谷　「なるほど、確かに最終的には『こどもがわらっていたんだよう』という部分だと思うんですが、じゃあ、どういう状況で歩いていたのか、そして子どもが笑っていた、作者がどう変わったのか。どうですか」

D　「いや、先ほど病弱だって言ったでしょ。だから一日に一回くらいは外に出て日に当たるとか、散歩するとか、ゆっくりね、そういう状況が合うな。で、そんな時にこの情景に出会った。そして、すごく、こう新しい生命の象徴みたいなものをさ、感じた。そういうふうに思うな」

東谷　「さあ、どうでしょう」

E　「いろいろな話聞いて、頭混乱してるんですけど、この文章の中で強く、イメージというか、憶測出来るのは、『牡丹でも』という一節と、最後の一節がどういうかかわりを持つのか、何を言い表したいのか。それが、いろいろな意見が出てきたところなんだな、と思っているんですが。ただ、作者の健康状態とか、あるいは生き方がかかわってくるということであれば、今、こうだ、と簡単に出していいものか。また、結論出したくないというね、そういう感じがしてきましたね」

東谷　「そういうこともありますか……」

C 「作者の気持ちですよね。最初ですね、落ち込んでいるんですよ。歩いていて、ぼさぼさの……、もう少し手入れすればいいのにな。次に、牡丹でも咲いているのかという、少し明るい気持ち。多分、子どもの笑い顔というのは、やっぱり、嬉しい、明るい気持ちになれる……。最終的には、喜んで、明るい気持ちになって、終わってるんじゃないかな、と思いましたね」

東谷 「さすがに、赤ん坊がいるお父さんですね。（笑）なんか、大筋ではそういうところでまとまっていきそうですね」

D 「これはやっぱり『ぼさぼさの』でなければだめなんだね。きれいな、じゃ死んじゃうわ。で、題は『こども』でなきゃだめだね。『笑顔』じゃね……」

東谷 「確かに、これで笑顔じゃ違った感じになってきますね。これで、大体作品のイメージが出来てきたんじゃないでしょうか。小笠原先生、どうですか」

小笠原 「やっぱり最初、かなり落ち込んでいたんでしょうね。それが、思いがけない子どもの笑い顔に出会って、ああ生きていかなきゃいかん、とそういうものになって、『まあ』という、驚きと喜びが同時に出てきた。『わらっていたんだよう』というのは、やはり作者が自分に言い聞かせている。そうなんだ、だからそうしなきゃならないというようにね、僕は解釈してるんですが。ここから先、作者の心境が変わっていくということになるんでしょう。で、ここでもうみんな理解したんですよ。また、『上である』なんてところも、実際の授業では、少し顔を出したの、全部出してるの、とかね。小さく見えたの、大きく見えたの、とかね。これで全部分かったとする。で、分かった時に、朗読させて、『まあ、わらっていたんだよう』というところをどう読むか」

東谷「ああ、そうですね」

小笠原「朗読で子どもに分からせていく。そして、作者山村暮鳥を紹介する。そして、こんな詩もあるよ、

『自分はみた／遠い／むかしの／神々の世界を／小さなをんなの子が／しきりに／花に／お辞儀をしてゐた』（注1）

なんてのもあるんだよってね。で、これとくらべてみる。子どもの詩がたくさんあるんだよ。

『山にはつつじが／さいてゐるから／おっこちるなら／そこだろうと／子どもがいってる／かみなり／かみなり／つつじがいいぢゃないか』（注2）

こういう詩をうんと入れてやる。そして、最後にもう一回読ませてみる。あなたの読み方は垣根にちょこっとしか顔を出していない読み方だとか、ずいぶん大きな牡丹のようだね、とかいうようにして進めていく。こんなふうにね。これはほかの教科でも使えませんか。A説、B説、C説。これ対立抗争と言うんです。これな

んか全然発表しない子どもに、あんたAかい、Bかい。『A』とかって言うからね。そういう子に『どうしてA』なんて聞いたら終わりさ。とにかく答えなきゃならないようにして、あんたA、あんたB、じゃあAの人は……、Bの人は……。そして、じゃあどうしてAなの、と段々言わせていく。こういうやり方があるんですよ。そして、最後どういうふうにおさめるか、分かんない時ありますよね。どちらも一緒だ、どうにもならん。そんな時『これは近くなきゃだめだね』って、ある程度おしつけてもかまわない。こうやっていけば、子どもは変わってきますよ。しかし、いま、東谷さん、約五十分間、やれた。これで教室だったら、朗読かなんか入れて十分出来ますよ。最後、どこをフィニッシュにするか。作者はどういう気持ちでいたか、そしてどう変わったか。そこのところへ持っていく。じゃあ、これで終わりにしましょう」（拍手）

注1　『月夜の牡丹』より「ある時」
注2　『雲』より「こども」

〈付記〉この模擬授業は、平成五年度室蘭清水丘高校教育実践研究会（高教組室蘭清水丘高校分会主催）において行われたもので、参加者は全員室蘭清水丘高校の教員である。

V

学級づくり・行事について

私の学級づくり

平成五年四月に室蘭清水丘高校で二回目の担任を持った。私がこの学年で三年間、担任としてどのようなことを考え、どのような実践をしたのか、報告させていただく。

一、室蘭清水丘という学校

胆振第一学区（室蘭市・登別市）には七つの公立高校と三つの私立高校がある。室蘭清水丘は学区内で二番手に位置する進学校だ。前身が旧制中学校の室蘭栄が進学校としては抜きん出ており、高等女学校が前身の室蘭清水丘がその後に続いている。学区の再編でもないかぎり、この図式は崩れないだろう。

事実、小学区制の時には室蘭清水丘から東大や北大へ卒業生を送り込んでいたという。今となっては昔の話だ。それでも、室蘭清水丘はまもなく八十周年を迎える伝統校であり、地域の名門校であることは間違いない。

この学校の特色は、普通科六学級の他に英語科が二学級あることだ。（平成八年、間口削減によって普通科は五学級となった。）アメリカに姉妹校を持ち交流が行われていることもあって、実態はともかく国際理解教育の推進校でもある。

私が、室蘭清水丘高校へ赴任したのは平成元年四月だった。その年は担任を持たず、翌年の四月から英語科の担任となって平成五年三月に一回目の卒業生を送り出した。そして、その年の四月。今度は普通科の担任として新入生を迎えることになった。

二、担任としての願い

平成五年四月七日に学年ミーティングが行われた。学年主任の笠原さん（小笠原洽嘉先生）から「自分の教育観を述べて共通に理解してもらおう」という提案があり、各人が思うところを述べた。私が述べたのは、次のようなことだった。

「生徒を前にして思うのは、生徒との三年間の付き合いの中で少しでも彼らの成長の手助けをしたいということだ。成長の手助けとは授業や行事を通して生徒の持っている可能性を最大限に引き出すことだと考えている」

問題は、そのためにどうするのかということだ。この学年の目標は「耕す→深める→超える」というものだった。これを、自分なりに考えた。

一年次は心を「耕す」ことが必要だ。そのために基本的な「しつけ」や「動かす」ことに力を入れる。この場合の「しつけ」とは、小さなこと・粗野なこと・非礼なことや無神経さを見逃さないということだ。笠原さんの言う「虎になる前にしつけよ」であり、「調教」ではなく「教育的訓練」を行うのである。「動かす」とは、HR活動・行事・授業で生徒に活動の場を積極的に与え、考えさせ、表現させるという意味だ。

二年次は「深める」時期であり、「集中する」ことを基本にする。授業でも行事でも、一つのことに集中して取り組む姿勢を育てたい。三年次の「超える」は、「自己変革」を意味すると考えた。常に今の自分を客観的に見つめ、今の状態からより高い次元に進もうとする、そういう意欲や向上心を持った生徒に育てたいということだ。

一年次の十二月に学年研修会を行った。その時の笠原さんのレポートの中に次のような文章がある。

「いかにしてこの学年の生徒に強くてしなやかなものを持ってもらうかを考えています。点数に換算できない学力をどうやって身につけさせるか。そのことが最大の目標です。進学結果より、まず落ちこぼれをつくらないで、清潔で豊かな学年にしたい」

進学の結果に惑わされることなく、強くてしなやかな生徒を育てたいという強い願いを持って取り組むことは、私に向けられた課題でもあると自覚した。

具体的な方策については後の章で述べることにして、私が日常的に考えたり行ったりしていたことのいくつかを先に挙げておこう。

私の一日の仕事は出勤後に教室へ行き、机の整頓をするところから始まる。ゴミがあれば拾い、放課後の掃除では行き届かない廊下を掃いたりする。そして、生徒を迎える。いつの間にかそういう習慣がついてしまったのだが、私の教室に対する愛着がそうさせるのではないかと思う。また、ゴミのポイ捨てについては口うるさく注意した。ゴミが散らかっていても平気だという無神経さが嫌なのだ。

テストの結果など、安易に競争を煽るようなものは教室に貼らなかった。点数で生徒の尻をたたくようなことはしたくないからだ。また、室蘭清水丘には「粘れ、頑張れ、負けるな」というスローガンがある。こういう類のものも教室には貼らなかった。さらに、朝のSHRの時間を使った小テストが数年来行われていたが、これには反対した。SHRも担任にとって貴重なクラスの時間なのだ。

生徒を放送で呼び出さないということも、気を付けたことの一つだ。「生徒を呼びつける」とか、「生徒は呼び出せば来るものだ」という発想に誤りがあると思うからだった。放送でヒステリックに叫ぶ教員もいるが、あれはみっともない。

以上のことは、担任としてというばかりでなく、教師としての私の「こだわり」でもある。

三、学級通信の発行

入学式当日、生徒に学級通信第一号を配布した。

「今から二十二年前、僕も皆さんのように高校の入学式を迎えました。その時僕は何を考えていたのか、もうはっきりとは覚えていませんが、一つだけ忘れていない事がありま す。それは、『ここで新しい自分が作れるのではないか』と思っていたことです。中学校の頃の僕は、ただ大人しいだけが取り柄の人間でした。人前で話をするなんてことは、それはもう恐ろしいことでした。すぐに顔が赤くなってしまうのです。それを自分で気にすればする程なおさらのことで、まったくもって自分がいやになってしまいました。そんな引っ込み思案で気弱な性格を何とかしたいものだと真剣に思っていたものです。そこで、高校入学が自分を変えるきっかけになるだろう、いやきっかけにしようと思ったんですね。ところが、その目論見は見事にはずれてしまいました。

僕が入学した高校は、札幌では結構有名な進学校でした。入ったのはいいのですが、なにせギリギリの成績で、しかも『新しい自分を』なんていう願いはすっかり忘れ、入ったことに安心してボーッとしてしまったものですから、今度は落ちこぼれになってしまいました。親には小言を言われ、学校では放課後に残されて追試験やら補習で、全く悲惨なありさまです。よくグレなかったものだと思いますが、おそらくそれもただ気が弱かったからなんでしょうね。ただひとつ救われたのは、進学校と言ってもひたすら進学の実績を上げようとか、大学受験対策でがんじがらめにしようという雰囲気ではなかったことです。出遅れたことで、特に積み重ねが必要な数学や英語といった科目は、やっぱりぱっとしませんでしたが、それでも国語や社会のような科目には次第に興味がわいてきました。それは、興味がわくような授業をしてくれたからだと思います。また、その時の自分の好奇心がそういうものに向いていたんでしょうね。自分の知らない世界が開けてくるような、そんな面白さがありました。（略）『新しい自分を作る』という理想にはほど遠いものがありましたが、それでも、ほんの入り口ではあったにしても、『新しい世界』を開く事が出来たのは幸運でした。大学に入るのに一年ほど道草を食いましたが、高校時代に味わったものをつなげる事が出来たからです。

高校時代には、自分が高校の教師になるとは思ってもみませんでしたが、こうなった今、自分がやらなければならない事は明白です。国語という教科を通して、あるいは担任として、皆さんにとっての『新しい世界』を切り拓いたり、皆さんの持っている無限の可能性を引き出す事に尽きるでしょう。僕にとっては難しい課題でもあるのですが、力を尽くすしかありません」

週刊のつもりでスタートさせたが必要に応じて書いたものもあり、一年次には三十二号、二年次は三十一号、三年次は四十一号まで発行した。これ以外に、夏休みや冬休みに特別号を発行して家庭に送付した。特別号がＢ四版、それ以外は全てＢ五版の横書きである。毎号千二百字程度の文章だった。

内容としては、お知らせやスローガン・説教を極力排除し、その時々に必要と思われることを考えて書いてきた。この学年は、三年間学年通信（『月曜日』）を月刊で発行し続けた。Ｂ五版八ページの冊子である。この通信には生徒が書くスペースを設けてあり、教員ばかりでなく生徒が自分の思いを述べることが出来た。そこで、私の学級通信はあくまでも担任の「理念」を伝達する場として利用することに専念した。右の第一号もそうだが、かなり自分をさらけ出している。そして、自分の思いを伝えようとしているのが分かる。文章を通しての、担任の「語り」でもあったようだ。

四、役割分担

学級を「烏合の衆」ではなく「集団」にするためには、それなりの努力をしなければならない。その努力はもちろん授業や行事の中にあるのだが、日常的な生徒の学校生活の細部にも目を配らなくてはならないだろう。そういう意味では、年度初めの役割分担や掃除の班編成なども、ただ形式だけを整えて済むものではない。

とは言っても今の学校で委員会がうまく機能している学校はどれ程あるのだろう。私が現在までに経験した二校では、委員会が形式的に機能しているに過ぎなかった。委員になっても仕事はほとんどなく、まして自分で考えなければならないという場面もなく、生徒によっては「たいした仕事ではないから委員を引き受ける」などという始末だった。

室蘭清水丘の生徒会では、各クラス毎に次のような委員を選出することになっている。自治委員、評議委員、企画委員、生活委員、厚生委員、図書委員、保健委員、防火委員、体育委員、広報委員、選挙管理委員。

図書委員、広報委員、選挙管理委員は通年であり、それ以外は前・後期制となっている。これ以外に、各クラスでHR議長、書記、会計を決めることになっていた。

委員会活動の活発化ということになると一担任だけの問題ではないのだが、少しでも学級活動を活発にし、生徒の出番をつくるためには何か方法を考えなければならない。そこで、「一人一役」制を三年間実践した。これは既に実践している人たちもいたのだが、それらを参考にしながら自分なりに考えた。

定められた委員の他に、学習係、企画係、広報係を加え、全員が必ずいずれかの役割を担うようにした。

学習係には考査毎の模擬問題作りを提案し、教科を分担して作成してもらった。三年次には模擬問題ではなく、やはり教科を分担して学級小テストとし、普段の勉強に役立つものを考えてみた。企画係には行事の時に自治委員や企画委員と一緒にHRでの取り組みの調整や推進にあたってもらった。広報係は、後でも述べるが学級文集作りにかかわってもらった。

また、決め方についても年度初めには次のような工夫をした。各委員や係の内容を一覧にしたプリントを配布し、自分のやってみようと思うものを第三希望まで書かせ、それを調整して委員・係を発表した。つまり、自分の責任で決めるということだ。

「一人一役」制は手間のかかることでもあり、なかなか思ったようには機能出来なかった面もあるが、生徒を「動かす」という点では必要なことであったと思うし、クラスの中での自分の役割や立場を自覚させるという点でも大事なことだったろうと思う。

役割分担ということで言えば、掃除当番も同様である。掃除当番についてもひと工夫してみた。普通、掃除当番はクラスの人数を六で割り、月曜から土曜までに割り振っている。この学年は四十人学級であるから、ひと班が六人から七人となる。七人が多いとも言えないが、どうせなら小人数でしっかりやるようにした方がよいのではないかと考えた。また、曜日で固定してしまうと人によっては都合が悪いということもあるだろうし、隔週で土曜日が休みであるから土曜日にあたった班はラッキーということになる。そこで、ひと班を五人編成とし、全部で八班。曜日で固定せずローテーションとした。

結果として、少ない人数で集中して要領よく掃除を行うということになったようだ。

五、学級日誌

日直が学級日誌をつけるという習慣はどこの学校にもある。様式はだいたい似たようなものだろう。一日の感想という欄が必ずある。そこに「つかれた！」などと一言書いて終わりという生徒が結構いるものだ。これは情けない。もう少しきちんと書けないものだろうかと常々思っていた。

そこで、思い切って感想の欄を別紙とし、「日直作文」として独立させてみた。つまり、日直になると日誌の欠席・遅刻や授業の記録を書くとともに、日直作文用の用紙が渡されるのだ。書ける生徒は当日提出してもよいが、基本的には翌日の提出とした。その日の感想ばかりでなく、最近考えていることや、社会的な出来事などへの感想・意見などを書いてもらうようにした。

これは一年生の初めから考えたことではない。初めは他の担任が使っているのと同じ様式の日誌を使っていた。日直が一回りした六月から感想欄を百字のマス目とし、三回り目の十一月からは百五十字とした。日直作文として別紙にしたのは二年生の二学期からである。この用紙は、初めが四百六十字。二年生の最後から三年生にかけては六百七十二字となった。

室蘭清水丘高校は二年次と三年次でそれぞれクラス替えを行う。そうなると初めて私が担任となる生徒にとっては「なんだこれは」ということになり、かなり不評であった。不評ではあったが、あきらめなかった。「書く」という行為は面倒なものだが「書く」ためには考えなければならないし、まわりをよく見なければならない。ねらいはそこにあった。

書き始めると、生徒は結構いろいろなことを書いてくるし、「先生はどう思うか」という類の文章も増えてきた。そこで、私も返事を書く。次第に生徒とのコミュニケーションの一つになってきた。

三年次のものだが、男子生徒の日直作文を紹介しよう。

「もう少しで十八歳だ。もうそろそろ大人だ。中にはもう十八歳になっている人もいるだろう。だが僕はこのままでは十八歳にはなれない。というのは、小さな頃思っていた十八歳は背が高くて、髪の毛が長くて、優しくて、頼りになって、涼しい人というか、とてもすがすがしい人だったはずだからだ。けれども、どうやら今の僕は小さい頃思っていた理想とは全く違う人間になっているようだ。背はだいたい満足しているが、髪の毛が……。そんな体のことは気にしてもしょうがないが、体の内にあるものは気にしなくてはいけないと思う。今の僕は人からみて優しくて、頼りがいがあって、すがすがしい人には見えないはずだ。だから、今から少しずつでも十八歳の資格を得なくてはいけない。それにもう一つ、十八歳になれない大きな理由がある。それは社会の動きだ。社会の動きを今は知らなすぎることだ。これを知らないと、昔の人が苦労して手に入れた選挙権を無駄にしてしまう。まだ、選挙権はないが、十八歳くらいから社会のことを知っておかなければ、選挙権を手に入れたとしても、どうしていいかわからないはずだ。このままいくと僕は投票率を下げる手助けをしてしまう。だから、今から自分を変えていかなくてはいけない。考え方も、行動も、もっと責任をもってしなくてはダメだ。アホなことをすることも、言うことも好きだが、考えていかないと、考え方が子供のままで大人になってしまいそうだ」

自分の趣味のこと、新聞記事のこと、行事への意気込み・感想、クラスのこと、休み中のこと、あるいは教師への批判やテストが悪かったことへの反省など、様々なことを生徒は書いた。定着してくると、どの生徒も用紙いっぱいに書いてきた。

書いたものは日誌と一緒に綴じ込んでいたので、一年も経つと随分ぶ厚い学級日誌となった。

六、LHR（ロングホームルーム）

LHRは担任にとってなかなかやっかいな時間である。行事の準備や進路指導、学年集会などで年間の三分の二は消化されるだろうが、クラスにまかされた時間が負担になるのだ。もちろん、年度当初にある程度の計画を立てておけばよいのだが、実際には忙しい年度初めにそこまでの準備が出来ないのが実情だろう。

進学校である室蘭清水丘高校では、このＬＨＲの時間に担任が自分の教科の授業を行うということもあるし、考査間近のＬＨＲは試験勉強と称して自習時間になってしまうことが多い。実にもったいないものである。

月二回の週五日制が導入される時、ＬＨＲをどこに設定するかが問題となった。それまでＬＨＲは土曜日に設定されていたのだ。土曜日のままにして不足分を特設ＬＨＲで補うか、他の曜日に移して週一回のＬＨＲを守るかという議論になった。

私は反対したが、土曜日のままということになった。反対の理由は、受験を盾にして授業確保を叫び、行事やＬＨＲを軽視する考え方に対して反発を感じたからである。「行事やＬＨＲも授業である」という視点が欠落していることを痛感した。

前置きが長くなってしまったが、私がＬＨＲで実践したことを書き出してみよう。

年間の節目にあたるような時にはＬＨＲを使って生徒に作文を書いてもらった。「今年度の抱負・目標」「一学期の反省」「二学期に向けての課題と課題解決に向けての方策」「二学期の反省」「一年を振り返って」などである。自分で作った七百字程度の原稿用紙を使った。「反省」を書いてもらった時には、その度に担任のコメントを書き添えて生徒に返却した。生徒とのコミュニケーションの一つとしても利用した。

このような作文以外には、文章を読ませて感想を書かせるということも、一、二年次で二〜三回ずつ行った。その一つは『君の可能性』（斎藤喜博）である。この文章の一章はだいたい五十分の時間で読める分量だ。読んだのは、「不満や不安を持つのはよいことだ」「人間の能力はつくられる」「たいせつなことは事実から学ぶこと」「学校でつくられる能力」である。

様々な感想や意見が書かれていた。その意見に対して、「学級通信」で私がさらに意見を述べるということもあった。また、二年次には『三番目の処刑者』（笠原肇）を全員で読み、感想を書いてもらった。

これ以外の作文としては、「私の授業論」と「進路レポート」がある。「私の授業論」は、笠原さんが以前行ったことを真似たものだが、生徒にとっての「私の授業論」を自由に書いてもらうというもので、担任の授業についても遠慮なく批判をしてもらった。胸にグサッと突き刺さるような内容のものもあったが、時にはこのようなものを読むことも必要だろう。

「進路レポート」も同僚の実践を真似たものだが、私自身も高校の時を思い出して進路に悩んだ経験を書き、生徒に読んでもらった。その上で、進路についてどのように考えているかを書かせたのだ。

作文以外の取り組みとしては、服装問題についての討議をしたことがある。グループ討議から全体討議という方法をとったのだが、議論は低調だった。行事についての話し合いもそうだが、討議というのは難しい。一つには議長の力量の問題がある。行事についての話し合いでも、安易に決をとろうとしてしまうのだ。担任が口を出すことも必要である。また、話し合いが出来る力を普段の授業の中で育てているのかという問題もある。「話し合いが出来ない」と嘆く前に、自分の授業を振り返ってみなければならないだろう。

七、行事

〔宿泊研修での合唱〕

一年次の四月下旬、国立日高少年自然の家で二泊三日の宿泊研修を行った。この学年は例年行っている研修とは全く異なった研修を考えた。メインとなるのは合唱だった。

「この宿泊研修を通して自然に親しみ集団の一員としての自己のあり方を明確にするために合唱練習を通し、集中力と自立心を育成することを目標にする」

合唱の課題曲は「一つのこと」（斎藤喜博作詞、丸山亜季作曲）。自由曲はクラス毎に選曲し、二日目の夜のコンサートで発表する。そして、指揮は各担任が行う。我がクラスの自由曲は「想い出がいっぱい」という十年程前のヒット曲。三部合唱の歌だ。クラスに与えられた練習時間の二時間は必死になった。なにしろ、合唱指導など経験したこともないし、指揮など今だかつてやったことなどないのだ。それは他の担任も同様だっただろう。

生徒にしても、なぜこんなことをしなければならないのかという気持ちがあったと思う。しかし、録音した伴奏を何度も流し、パート毎に歌わせ、自らも歌った。汗が流れ、声もかれ、テンポも何もあったものではないが、手を振り続けた。生徒も次第に「やらなきゃならん」という感じになってきたようだ。

発表の時、私は緊張しながら手を振り上げた。出だしで「これはマズイ！」と思った。声が出ていない。〈頑張れ！〉と、手を振りながら心の中で叫ぶ。男子が頑張り始めた。声量が増して来る。後半になって、女子の声も聞こえてきた。

歌が終わり、拍手が聞こえた。合唱としての出来不出来を言えるレベルではないだろうが、ホッとしたと同時に満足感があった。わずかな練習時間ではあるが、一つのものが出来上がるのを目の当たりすることが出来たのだ。私にとっても貴重な経験だった。

〔学校祭でのクラスの取り組み〕

室蘭清水丘の学校祭は仮装行列がメインとなっている。学校から車で十分ほどの中央町という繁華街に出て行うのだ。クラス毎に衣装・山車・パフォーマンスを競う。それ以外のクラスの取り組みは年度によって多少違うが、ここでは二年次の取り組みを中心に述べていくことにする。

学校祭準備を前にして学年主任より学年団へ次のような注文が出された。「丁寧な仕事をさせたい。集中力を養わせたい。行事を通してきたえる場にしたい。リーダー養成の認識を持ちたい。創造を念頭においたものにしたい」

この年、学校祭の改革が行われ、仮装以外のクラスの取り組みがポスター制作、クラス対抗歌合戦、楽しく学べ（展示発表）となった。前年に比べ、生徒の出番がはるかに多くなった。私はこの改革を歓迎した。同時に、生徒を各パートに分けて組織的に動かす必要性を感じた。学年主任からの注文、学校祭の改革を受け、具体的には次のような手順でクラスの取り組みを進めた。

①LHRを一時間使い、生徒に昨年度の反省点を挙げさせ、それを整理して今年度の取り組みへの指針をつくった。②各パートの担当責任者（複数）を先に決めた。③仮装クラステーマのアンケートをとり、担当者会議でテーマを絞った。④クラス全体討議でテーマ決定。各パート、仮装以外の取り組みの役割分担を決めた。⑤担当毎に具体的な内容の検討。⑥パート毎に内容を適宜プリントで全体に示し、確認をとった。

担任の役割は全体を見ながら交通整理するということだった。右の方法は当たり前のことではあるが、それぞれの仕事を常に全体に示し、何をどうするのかということを周知させるのがねらいだった。全体を動かす時に、「何をしていいか分からない」というのが一番困るのだ。いろいろなトラブルが発生したとしても、目標や内容が具体的であれば、生徒は自分で工夫しながら見事に克服する力を持っている。

二年次の三月。女子生徒の書いた日直作文が担任としては忘れられない。

「この一年間、すごく早かった。いろいろあってけっこう楽しかったけど、もっとこのクラスの人とさわぎたかった。（略）何をやるにしても、みんなとやればがんばれるし、成功するような気がした。成功したといえば、やっぱり学祭だと思う。衣装作りでがんばったかいがあった。途中でいやになったりしたけど、ピエロを作っている男子とかを見てたら、途中で投げ出しちゃいけないと思った。クラスのことで今までこういう気持ちになったことはあまりなかったから、すごくいい経験になった」

八、保護者とのつながり

高校くらいになると小学校・中学校と違って、親と学校のつながりがそれほど深いものにはならないようだ。進路実現に向けて「おまかせしますから宜しくお願いします」という感じになってしまう。

しかし、私たちが何を考えどのようなことをしようとしているのか、そういうメッセージを常に伝える必要はあるのではないかと思う。先に述べたが、この学年は「学年通信」の発行を親に約束し、実践してきた。これは生徒ばかりではなく、保護者に向けて学年の理念を語ってきたという側面もあったようだ。

「子どもが先生を信頼するように、子どもが先生に親しみ先生をうやまうように、こういうふうに子どもに教えてくださる以外に、家庭が学校教育に対して行う協力の仕方はないのではないかと、私は思うのである」（斎藤喜博『教室愛』）

家庭に我々教師の思いを伝え、それを受けて親が生徒を学校に送り出す。高校において
も、このような保護者とのつながりが必要であろう。

私自身も入学式当日、親の前で「学級通信」発行を告げて書き続けてきたが、さらに一歩踏み込んでみた。夏休み、冬休みに特別号を送る時、「担任への手紙」という用紙を同封し、親から担任へ生徒の家庭での様子や学級通信の内容への感想などを書いてもらうようお願いしたのだ。毎回十数名の親からの返事があった。その一部を紹介する。

「いつも通信を楽しみに読ませていただいています。高校になると中学と違って学校へ行くこともなく、どんな生活をしているのか分からないので、お忙しいとは思いますが、これからも続けていただきたいと思います。学校祭は初めて見に行ったのですが、毎日帰りが遅く心配していたのが、こういう事を練習していたのかと納得出来たので、見に行って良かったと思いました。（略）」（一年次夏休み）

「いつもお世話になっております。私自身、息子を見ていると、自分の学生時代より頑張っている様に思いますが、成績がパッとしません。先生の言う通り、私も集中力がないのかと感じています。私自身、職場で若い人を使っているのと同じような感じがしています。息子も休み中に話をした結果、本人は大学に行きたいという意志があり、親としても援助してやりたい気持ちだけは有りますので、本人の努力、及び先生の指導を仰ぎたいと思っていますので、よろしくお願い致します。追記ですが、私自身の経験から本人の努力

が一番と思います。ただ、今の時代に対する親としての対応、及び責任は難しく、ただ本人の行く道に対しては援助したいと思いますので、御指導お願い致します」（二年次夏休み）

「お忙しい中を学校内のわが子等の成績・行動を報告していただき、『月曜日』（学生通信）『三一〜四通信』はありがたく拝見させていただいております。クラス順位の発表については賛否両論があるでしょうけれど、わが子をはじめ最近の子供たちには意欲というか競争意識という心情がうすく思われ、この気持ちが後々の大人の世界に入って大なり小なり影響が出てくると私は思っているものですから、学業の中で競争意識を持たせるということは大賛成であります。もちろんスポーツの中からも生まれ、それが自信となってかえってくると思います。それゆえに、この様な学年・学級通信は幅広くひろがってほしいと思います」（二年次冬休み）

私の手元に来た父母からの手紙を「学年通信」に掲載したことがある。その時、笠原さんは次のようにコメントをのせている。

「（略）学年の印刷物に対してこういう感想をいただくところから、父母の皆さんとの協調、共同歩調が始まると考えるのだ」

九、学級文集

この三年間、それぞれの学年で年間に二冊ずつの学級文集を作った。学年の初めには、クラスの生徒全員にB五版の用紙に自分のプロフィールを書いてもらい、それを綴じ込んで「自己紹介文集」とした。そして、年度の終わりに一年間のまとめとしての「学級文集」を作ってきた。

学級文集はそれまでにも作ってはきたが、この三年間で私なりの一つのスタイルを作ることが出来た。それは、学級日誌の感想（日直作文）を利用するというものだ。

一年次の終わりに学年文集を作る時、文集担当の広報委員と係に、学級日誌の感想欄の文章を使って一年間を振り返る「歳時記」のようなものを入れたらどうかと提案したのが始まりだ。一年次は五ページ程度の簡単なものだったが、二、三年次の文集では、それをさらに広げてみた。二年次からは、日直作文として分量のあるものになっていたので、係りの生徒にその時々のことがわかるような作文を抜き出してもらい、それを分担してワープロで打ち、四月から三月までの流れが「作文」を読みながら辿れるようなものにした。生徒に文句を言われながら続けた「日直作文」も、その時々の自分たちを振り返るものになった。

他の内容として、一、二年次は一年の終わりに書かせた作文や、見学旅行の後に書いてもらった作文、『三番目の処刑者』の感想文、三年次には現代文の授業で扱った『舞姫』(森鷗外)の感想文などを利用した。この学年は三年次に「学年文集」を全体で作成することが出来たので、「学級文集」に三年間を振り返る作文は必要なかった。

それにしても、最近はワープロを扱うことの出来る生徒が多くなった。おかげで金をかけずに活字の読みやすい文集が出来るようになったことは、ありがたい。

十、最後に

この実践を室蘭清水丘高校に在籍していた(あるいは在籍している)教員有志の研究会で発表したことがある。その時、笠原さんから次のような感想をいただいた。

「この実践から思うのは、骨身を惜しまないということだねえ。教師が動いて、生徒が動かざるを得ないところへ追い込んでいくんだから……」

学級づくりの実践は、それがどこでも通用するというものではないから、ここに示したものもどれほどの意味を持つのか私には分からない。しかし、私はこの三年間で、担任の仕事というものをあらためて理解した。

「すべてのものの長所を認め、すべてのものを生かし、伸ばしてやらなければならない。そして全員がみな生き生きと楽しんで生活する学級、いわゆる劣性のいない理想の学級をつくりださなければならない」

これは、斎藤喜博『教室愛』の一節だが、このような学級をつくり出すためには、生徒をよく見ることから始まるのだと思う。その上で、その時々に何が必要か、何をしなければならないかを考え、生徒を動かすことだ。そうやって、少しずつ小さな「事実」を生み出していくのが、「学級づくり」なのだと考える。

〈付記〉本稿は、北海道教授学研究の会が発行した『斎藤喜博研究』第十号（平成十年十二月）へ掲載のためにまとめたものである。

行事について

一、はじめに

一九八九年四月、室蘭清水丘高校に着任。小笠原学年（一年）の副担任となる。

私はこの年、教員になって五年目であった。教員生活の振り出しとなった前任校では一年目に副担任、二年目から一年生の担任となり、卒業生を送り出した。学年をひと回り経験し、やっと教員の仕事がどういうものか分かりかけてきたところでの転勤であった。「なあに、所詮は同じ仕事。大きな学校でもそう違いはあるまい」と思っていたが、所変われば何かと勝手も違い、とまどうことが多かった。「じっくり様子を見よう」と少し気弱になったが、年度初めの忙しさ、さらに宿泊研修と慌ただしく時が過ぎ、あっと言う間に一学期も半ば、学校祭が近づいてきた。（注：当時は三学期制）

学校祭での学年の取り組みについては、五月中から学年会議で検討されていた。その時はよく分からなかったが、前年度の学校祭プログラムを見ても、この学校の学校祭が充実した内容と言えるものでないことは容易に理解出来た。この時点での一番の問題は、一年生の出番があまりにも少ないことであった。クラス対抗の仮装行列という大きな取り組みはあるが、それが終わったら「あとはお好きなように」というわけである。一年生の役割としてバザーの手伝いはあるが、出番と言えるほどのものではない。文化系の部活に所属している者にとって学校祭は出番なのだろうが、ブラスバンド部を除いてはどの部も少人数。一年生は数えるほどのもの。つまり、一年生の大多数の者は初日の仮装行列が終わってしまったら、あとは何もないのである。せめて自分たちの創り出したものが何かあればとも思うが、それもない。なるほど、学年で「一年生の出番をつくろう」という話になるわけである。

五月十九日の学年会議で学年の取り組みの担当者が決まる。私を含めて副担任三名である。特に役割分担を決めた記憶はないが、なぜか私が責任者のような立場になった。「じっくり様子を見よう」などと言っている場合ではなくなった。しかしまあ、自分の「出番」が回ってきたという気持ちもあって、「ようし、やるぞ」という意気込みはあったように思う。おそらく学年全体の「ヤル気」が伝わったのだろう。

二、「折り鶴」による学校祭テーマの作成

学年会議の中でも具体的な提案があった。それを元に、生徒と話し合ってみようという

ことになる。以下、昔のメモを頼りに進行状況を書き出していこう。

六月六日（火）ＬＨＲ

　各担任がＨＲで「何かやってみようじゃないか」と訴える。生徒の反応は今ひとつ。各クラスから代表者を出してもらい、「一学年学校祭実行委員会」を組織することにする。

六月十二日（月）第一回実行委員会

　メンバーは各クラスの自治委員、評議委員四名の中から二名、企画委員二名、計四名。全体で三十二名。委員長、副委員長、書記の三役を選出。学年全員の参加を原則とし、垂れ幕、壁画、貼り絵、折り鶴による壁画、ビックアート、合唱、色紙展示の中から一つ選ぶこととした。委員会での話し合いの結果は、書記の人に「委員会レポート」を書いてもらい、学年の生徒全員に配布した。

六月二十日（火）ＬＨＲ

　各クラスで右の提案の中から一つを選んでもらった。

六月二十一日（水）第二回実行委員会

　各クラスの結果報告。多数決で「折り鶴による壁画」に決定。折り鶴により学校祭テーマの「ＢＥ　ＹＯＵＲ　ＳＥＬＦ」の文字をつくることにした。

六月二十六日（月）第三回実行委員会

「折り鶴による壁画」の原案作成。内容は設置場所が生徒玄関。大きさが縦三〜四メートル、横五メートルというもの。雑誌などでよく見かける「空き缶による壁画」と同じ要領でやろうという発想。三〜四メートルの糸に折り鶴を重ねて通し、それを支えの横木に何本もぶらさげ、配色を調整しながら字を浮かび上がらせようというわけである。

六月二十七日（火）ＬＨＲ

全クラスで原案が承認される。

六月二十八日（水）第四回実行委員会

実験を行う。糸の長さを三メートルとし、そこにいくつの折り鶴が必要かを確認。この結果を元に設計図を作る。作業は一学期期末考査終了後とする。

七月十日（月）第五回実行委員会

設計図の確認。折り鶴は全部で五四〇〇羽が必要。「委員会レポート」で学年全員に一人十五羽の折り鶴を依頼。紙は新聞のチラシを利用してもらうことにする。（字の部分だけは折り紙を使用。オレンジ色とした。）

七月十七日（月）

この日から集まった折り鶴に糸を通す作業を開始。折り鶴の大きさがまちまちで設計図通りにはいかない。

七月十九日（水）

字が次第に浮き上がってきた。

七月二十日（木）

学校祭前日、生徒玄関に設置。字をより浮き上がらせるために背景を暗幕にする。完成。

今回のような学年独自の取り組みというのは、今までになかったことらしい。出来上がったものも何とかサマになるものだっただけに、教員間の評価は高かったようだ。なにしろ、学校から感謝状を頂戴してしまったのだ。その感謝状には次のように書かれている。

「感謝状／一年生三五二人の皆さんへ／折り鶴にこめられたＢＥ　ＹＯＵＲ　ＳＥＬＦの祈りは見事に学校祭において華を咲かせました。ここに感謝状をおくり全生徒の感謝の気持ちを表します」

教員の担当者三人にしても、このような取り組みは初めてのことで、果たしてうまくいくのかどうか半信半疑だった。生徒とともに悪戦苦闘の末の作品なので感謝状はありがたい。しかし、それはそれとしても生徒の反応はどうだったろうか。何しろ教員のヤル気の方が先行しているのだから、生徒にとっては「何がなんだか分からないうちにやらされていた」という印象が強いのではなかろうか。担当者―実行委員―ＨＲ間でキャッチボールしながらの準備だったが、活発な話し合いが行われたというわけではない。時間的なこともあったが、原案、設計図の素案はこちらで（教員側で）作成したものだ。「生徒を生き生きと動かした」わけではない。反省点は多い。しかし、一つだけ自己弁護させてもらえば、今までにないことをやったという事実は残るに違いない。この事実をあとにつなげていけばいいのだと思う。

それにしても、生徒玄関に五四〇〇羽の折り鶴をつるし、そこから字が浮かび上がってきた時は本当に嬉しかった。こういう喜びや充実感があるから「行事」はやめられない。

三、壁新聞コンクール

第一回実行委員会で、各ＨＲからの提案を「みんなでできるもの」と「代表者によるもの」とに分けてみた。その上で前者の中から一つ選ぼうということになったのだが、後者の中にも捨てがたいものがあった。まだまだ余力はあるのだ。とにかく生徒の出番をつくるというのだから一つでは物足りない。後者の提案の中にあった「壁新聞」を作ってみないかと呼びかけてみた。呼びかけたというより、半ば強引に提案して「やってみようや」ということにしてしまったような記憶がある。およそ民主的とはほど遠い進め方ではあるが、なにしろ「出番をつくる」という後ろ盾があるのだ。これが大義名分。せっかくの学校祭、何でもやってみなくちゃという気持ち。もっとも担任は仮装の準備、折り鶴、壁新聞とたいへんだったに違いない。とにかく、壁新聞の準備も始まった。

六月二十六日（月）第三回実行委員会

「折り鶴」の原案とともに「壁新聞」の原案作成。内容は、縦一メートル、横七十センチの方眼紙を各クラスに一枚配布。一センチ四方に一字で壁新聞をつくってもらおうというものだ。コンクールとし、優秀作を表彰。統一テーマを一つ決め、あとは全く自由とする。

六月二十七日（火）ＬＨＲ

各ＨＲで原案が了承された。早速、編集長、係を選出してもらう。作業は、やはり考査終了後とした。

七月十日（月）壁新聞説明会

各ＨＲの編集長と係の生徒を集め、資料を用意して要領を説明。資料は『学校新聞の作り方』という図書室にあった本から役に立ちそうな部分を抜き出して作成。もっとも、多くの生徒は中学校で壁新聞づくりを経験しており、詳しい説明など必要なかった。テーマは「室蘭の将来」に決定。また、審査基準も示しておいた。用紙、ペンを配布。締め切りは七月二十日（木）十七時とした。

締め切りまで十日間。各ＨＲでの作業が始まった。「高校に来てまで壁新聞をつくらされるとは思わなかった」という声もあったが、どのクラスもやり出すと熱心に取り組んでいた。こういう作業は女子の方が熱心で男子中心に係を決めてしまったクラスは、どうも進み具合が遅い。学校祭が間近になると、仮装の山車作りや衣装作りも重なって、次第に夜遅くまで居残るようになる。

作業日数が十日間というのは、生徒にとってつらかったようである。特に真剣に取り組めば取り組むほど時間との闘いになる。審査基準の中には減点もあるのだ。締め切り時間に遅れると一分につき一点の減点となる。いよいよ最終日。クラスによっては焦りの色が見えてきた。締め切り時間が迫る。あるクラスでは、「時間に間に合わせることを優先させるか、あるいは遅れても納得のいくものにするか」と議論している。担任は生徒に決断させた。結局、そのクラスは五十分遅れで提出に来たのである。女子中心のメンバーだったが、彼女たちは提出とともに泣き出してしまった。確かに内容も外見も立派な作品である。よほど悔しかったのか、ほっとしたのか。何ともいじらしい姿だった。

学校祭期間中、壁新聞は学年で借りた一教室に掲示され、多くの参観者の目にとまった。これも、今までにない学年の取り組みだった。

四、第二回・第三回壁新聞づくり

一学期が終わった。夏休みを経て二学期が始まる。体育祭、遠足、生徒会長選挙、マラソン大会と行事が続き、中間考査も終了。そして十月二十日の学年会議。生活面、進学対策を中心に話が進む。私の記憶では、この会議の最後に学年主任から「壁新聞をやろう」と提案があったように思う。正直に言って不意を衝かれた感じがした。そして、「なぜ、この時期に」と思った。おそらく他の教員にしてもそう思っていたに違いない。しばらく声がなかった。意図は分からなかったが、学校祭で担当だったこともあり、つい私が「じゃあ原案をつくりましょう」と言ってしまったのだ。それで第二回の壁新聞づくりが決まった。

十月二十七日（金）広報委員会

原案提示。広報委員を通して各ＨＲに提案。

十月三十一日（火）ＬＨＲ

編集長、係選出。

十一月六日（月）学習会

ここで用紙とペンを配布した。統一テーマは「高校生活」とした。締め切りは十七日

（水）十七時。

「壁新聞は意思交流の場である。」今回は、これを謳い文句にして生徒へ提案した。統一テーマを「高校生活」にしたのは、自分たちの身近な問題を分析し、そこから建設的な意見を作り上げてもらおうという意図だった。教員も忙しいが、生徒も忙しい。生徒の中にも、「なぜこんな時期にやるのか」という声はあった。それでも、係になった生徒たちの取り組みは真剣だった。二回目ということもあり、レベルも向上したが、その点の批評については審査後各クラスに配布した学年主任の講評から抜粋しよう。また、この文章の中に「なぜ」の答えも含まれている。

壁新聞を批評す（学年主任　小笠原洽嘉）

一、新聞のない学校など学校じゃない。

なぜそう言えるのか。新聞は生徒の声や考え方を反映し、学級や学校に波紋を起こしていく起爆剤の役目を担っているからである。学級の声を出せない学年など学年じゃない、とも言えよう。忙しいさなかの発行でたいへんだったが、それ以上の成果をあげ得たのはたいへん良かった。

（略）

四、結論
　現在はまだコンクールという形式をとっている。これがコンクールではなく、自由な意見発表の場になれば最高だがと考えている。締め切り日があり、賞を争うという形でしか何かが成立しないという現状は、徐々にあらためていきたい。何かを創る、ということは受動的姿勢から決して生まれてこない。自分に弁解を許さないという生き方の中からしか真の文化は創造されないのだ。しかし今回は各クラスとも実によく頑張った。敬意と賞賛を惜しまない。

　二回目の壁新聞が終わった。こういう時期に手間のかかる学年独自の取り組みを持つなどということは、めったにあることではない。また、何だかんだと言っても、この提案にのってしまう学年の力もたいしたものだと思う。おまけに三回目まであるのだから、これはもう驚くというよりあきれてしまう。そのあきれてしまうことが三学期に実施された。
　三回目はコンクールとしない。読者も街の人ということになった。企画の段階で、展示会場を繁華街にある大型スーパーの市民ホールにしたのだ。名称を「室蘭清水丘高校一学年壁新聞展示会」とし、第一回、第二回の作品も展示することにした。

一月十九日（金）ＨＲに提案。

一月二十三日（火）編集長、係選出。
一月二十四日（水）説明会。
一月二十九日（月）学習会。

そして、二月十七日を締め切りとした。展示は三月一日から十一日までである。今回の統一テーマは「室蘭と自分たちのかかわりを探る」とした。壁新聞づくりも回を重ねるごとに生徒への要求が明確になってきた。学習会で配布した資料の中から一部抜粋してみよう。

「一学年では、一学期より三分間スピーチや壁新聞コンクールを行ってきました。それは、『自己表現ができる』ということが大切なことだと考えているからです。表現するためには当然考えなければなりません。様々な内容や言葉を取捨選択し、整理し、自分の言葉に組み立てなければなりません。その過程を重視するのです。視野を広げ、他の意見にも耳を傾け、調べたり討論したりしながら中身を充実させ、表現してほしいのです。これは自分たちの可能性を掘り起こす作業になるでしょう。」

今回の展示は新聞の地方版でも取り上げられ、そのこともあって大勢の市民の目に触れたようである。展示期間中、会場にノートを置いておいたのだが、様々な感想が書かれていた。中でも、三回も続けたことに対する評価が高かったようである。「これを良き伝統として残してみては」という感想もあったが、残念ながらそれは実現していない。

展示が終わったところで生徒にアンケートをとってみた。大部分の生徒が、出来上がった壁新聞に感心し、評価している。また、係の生徒たちが夜遅くまで居残って作業していることに対しても労りの言葉を書いていた。関わった生徒は全体から見れば少数だが、かなり波紋が広がったものと思われる。

五、おわりに

この学年の基本目標は「引き出す↓育てる↓繋げる」というものだ。特に一年次は内面を耕し、そこから生徒の持っている可能性を引き出すことに重点が置かれることになるだろう。果たして、ここで述べてきた実践の中でその目標が達成できたかどうか。それは目に見えるものではないので、(この学年の実践に対する)他の証言の中から判断していただくしかない。また、私とこの学年の直接の関わりはこの一年間だけのものであり、ここに書き出した以上のことは言えるものでもない。しかし、この学年に所属したことによって私自身が充実した一年間を過ごすことができた。もちろんやってきたことが全てよかったからというわけではない。何しろ学年主任の考えを全て理解した上で取り組んでいたわけではないのだ。あとになって気がついたり理解出来たことが多く、そういう意味では悔いの残ることも多い。

ある生徒がアンケートの中で、「結局はやらされていただけじゃないか」と書いていた。同様の批判は教員の中にもあるのではないかと思われる。この点についてだけは反論しておきたい。確かに教員主導であったり、強引な部分もあったのである。それは事実だ。だからといって短絡的に自主性がないというのは論外である。自主性というものは放っておいて身に付くものではなく、育てるものなのだ。段階を追って考えれば、「やらせる」という時期も必要なのである。ここに書き出した実践の全てを弁護するものではないが、「やらせた」ということが間違いだとは思わない。繋げるためのステップだったと理解している。その意味で生徒の出番をつくり、悪戦苦闘して一緒にものを創り上げたり、夜遅くまで居残って新聞づくりに関わったことに充実感を覚えるのであり、この学年が目指すものへの小さな手助けができたのではないかと思っている。

〈付記〉本稿は、「教授学研究の会」の機関誌「事実と創造」第一三九号（平成四年十二月発行）に掲載されたものである。「事実と創造」第一三九号は、室蘭清水丘高校で小笠原治嘉先生が学年主任であった三年間の実践特集号である。学年の実践に対する証言の一つとして依頼され、私が担当した「行事」のことについて書かせていただいた。

あとがき

道立高校を定年退職後、札幌市内の短大で主に「ことば」についての授業を行っている。高校での管理職時代はほとんど授業を行わず、人の授業ばかり見ていたが、久しぶりに授業を行うようになり、あらためて授業の難しさを感じている。

さて、私が室蘭清水丘高校から道内でも有数の進学校である札幌西高校へ転勤した時のことである。小笠原先生に、私が思わず「札西での授業はつらい」と話した時、「それは本気を出して授業をしていないのだ。つまり、室蘭清水丘なら室蘭清水丘に合わせて授業をしているのだ。そうではなく、私の授業はどこへ行っても同じなのだ。基本的には同じ授業なのだと言えるようでなければだめなんだ」と言われ、返す言葉がなかった。短大の授業であっても、基本は同じであろう。また、先生に叱られてしまいそうである。

最後に、この本には小笠原先生の授業分析やコメントを使わせていただいたが、快諾をいただいた小笠原先生の奥様、小笠原恵子様に感謝申し上げるとともに、私にとって初めての著書に多くのアドバイスをいただいた斎藤草子様にお礼を申し上げる。

〈著者紹介〉
東谷一彦（あずまや かずひこ）
1955年（昭和30年）7月8日生まれ。
札幌市出身。國學院大學文学部文学科卒業。
道立高校10校、31年間勤務し、平成28年3月定年退職。
現在、札幌国際大学短期大学部幼児教育保育学科教授。

高校・国語教師の授業 ――「斎藤喜博の授業」に学ぶ――

2018年5月1日　初版第一刷発行

著　者　東　谷　一　彦
発行者　斎　藤　草　子
発行所　一　莖　書　房
〒173-0001　東京都板橋区本町37-1
電話 03-3962-1354
FAX 03-3962-4310

組版／四月社　印刷／日本ハイコム　製本／新里製本
ISBN978-4-87074-210-9 C3037